新　潮　文　庫

白川静さんに学ぶ
漢字は楽しい

小　山　鉄　郎　著
白　川　　静　監修

新　潮　社　版

8835

目次

イラスト　はまむらゆう

白川静さんに学ぶ　漢字は楽しい

はじめに

これは、漢字が持つ体系的なつながりを明らかにして文化勲章を受けた漢字学の第一人者・白川静さんに、漢字の成り立ちや体系を楽しく教えてもらった本です。

毎回、白川静さんに直接取材して、漢字の成り立ちを一つ一つ教えていただきながら、共同通信社の企画として全国の新聞に「白川静さんに学ぶ　漢字は楽しい」を連載してきました。その連載中、反響も大きく、単行本化を望む声が多く寄せられました。このような要望に応《こた》えるため、連載企画をもとにして、全文を書き下ろしたものです。

白川静さんによれば、日本語は非常に素朴な表現が多い言語です。その日本語は漢字と出会って初めて、さまざまな考えを概念化することができるようになったのです。

例えば、「おもふ（おもう）」という日本語には、モノを考えるという意味はないのです。「おも」は顔のこと。それが動詞化した「おもふ」はうれしいことや悲しいことが「ぱっと、顔に出る」という意味です。その「おもう」が漢字に出会って、深化していったのです。

漢字の「思」の上の「田」は頭脳の形で、頭がくさくさするの意。「念」の「今」の部分はモノにふたをする形で、じっと気持ちを抑えている意味。「懐」は死者の衣の襟元《えりもと》に涙を落として哀悼すること。「想」の上の部分の「相」は茂った木を見ると心に勢いが出てくる、つまりモノを見て心が動くこと。ですから「想」は、この心の勢いを他の人に及ぼし、遠くおもいを馳《は》せること、おもいやることです。

それらの漢字を今、われわれはいろいろな「おもう」に使っています。顔にぱっと出るという単純な言葉だった「おもう」が、漢字に触れてぐっと深まり広がったのです。そうでなかったら日本語は概念化する言葉を持ち得ず、原始語のままだったでしょう。つまり日本人は漢字を媒介にして知性度を高めてきたのです。だからこそ、今の激しい活字離れが重大な問題なのだと白川静さんは考えていました。

約三千二百年前からの長い歴史を持つ漢字は、その字の種類も多く、字形も複雑なものがたくさんあって、一つ一つを別々に覚えていこうとすると確かに骨が折れます。それゆえに漢字は苦手だという人も少なくないでしょう。

でも漢字という文字は、その成り立ちをちゃんと学べば、実は、みなそれらが互いにつながっていることがはっきりわかります。漢字はすべて相互に関連性を持ち、古代なりの一貫した体系で構成されているので、たいへん容易に漢字を理解することができるのです。難しい漢字を一つ一つ暗記する必要もないし、楽しく興味深く漢字の世界と、それが使われている漢字文化圏のありようを理解するうちに、自然と漢字が頭の中に入ってくるような仕組みに、もともとなっているのです。

関連性のある漢字を具体的に挙げながら、その古代文字の形、イラストなどを多用して、漢字の体系性を子供から大人までわかりやすく紹介するのが、この本の狙《ねら》いですが、なぜ白川静さんに教えを乞《こ》うたかという点だけをごく簡単に触れておきたいと思います。

漢字は前記したように約三千二百年前、中国の安陽（河南省）に都した殷《いん》王朝が、卜《うらな》いに用いた亀《かめ》の甲羅の腹や牛の肩甲骨《けんこうこつ》などに文字を刻した甲骨文字が始まりです。その後、殷から周の時代にかけて青銅器に文字を鋳込《いこ》んだ金文《きんぶん》（約三千年前―約二千三百年前）があり、秦《しん》の始皇帝が統一した小篆《しょうてん》（約二千二百年前）という字形を経て、漢の時代に現在使用している漢字に、ほぼ近い書体（約千八百年前）が生まれました。

そして紀元百年ごろに後漢の許慎《きょしん》という人が、それまでの漢字を体系化して『説文《せつもん》解字《かいじ》』をまとめたのです。その『説文解字』は以来、長く漢字の聖典として扱われ、これをもとにして、多くの漢字辞典が作られました。日本でも『説文解字』をもとにして漢和辞典が、今も作られています。

ところが十九世紀末、一八九九年に、殷の時代の甲骨文字が地中から発掘されて、その解読作業が進むと、『説文解字』には多くの間違いがあることがわかってきたのです。

許慎が『説文解字』を書いたころの文字資料には小篆しかなく、それ以前に存在した漢字誕生時の基本形態である甲骨文字、金文などのほとんどは地中に埋もれていて、許慎が小篆以外の文字を参照したくとも、その多くは見ることができなかったのです。

この甲骨文字、さらに金文を精密に読み込んだ研究から、『説文解字』に鋭い批判を加え、中国にもない新しい漢字学の体系を打ち立てたのが白川静さんなのです。

白川静さんの漢字学は実に体系的で、ひとたび、それを理解すれば、漢字を学ぶことは非常に容易になり、とても楽しくなってきます。この本の本文を数ページでも読んでいただければ、白川静さんが解き明かした漢字の体系的世界にきっと驚かれるに違いありません。

【右】

ユウ・ウ
みぎ・
たすける

「手」（又）に「口」を加えた字形。「口」は口（くち）ではなくて、神への祝禱である祝詞を入れる器「」（サイ）のこと

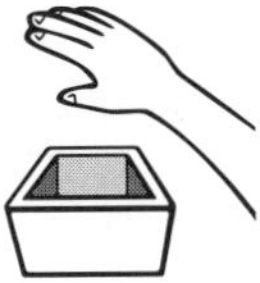

【手】をめぐる漢字

漢字の体系的成り立ちと漢字文化圏の社会のありようを理解するために、まず最初は【手】をめぐる漢字から始めましょう。

「右」と「左」という漢字のそれぞれの古代文字を見てみると、「右」は「」、「左」は「」という字形をしています。この「右」「左」に共通の「ナ」の部分は、古代文字では、それぞれ「」と「」という形をしていて、見ての通り、これらはそれぞれ「右手」「左手」を示す字形です。

そして「右」の「口」の部分は、実は「口《くち》」ではなくて、神への祝詞《のりと》を入れる箱である「」（サイ）のことなのです。甲骨文字や金文の世界では、この口が「くち」ではなく、祝詞を入れる「」（サイ）であることを指摘して、

【左】

サ
ひだり・たすける
「手」に「工」を加えた字。
「工」は呪具の形

【巫】

フ
みこ・かんなぎ
呪具である「工」を奉じる形の字

「口」の字形が含まれる多くの漢字を新しく体系化したことが、白川静さんの最大の業績の一つといわれています。

つまり「右」は右手で、この祝詞が入った器「」（サイ）を持って祈る形の字です。

それなら「左」の「工」はなんでしょう。これは神を呼ぶ呪術《じゅじゅつ》のための道具なのです。この呪具「」を左手で持っている形が「左」の字です。

実は「ナ」だけで、もともと「左」を意味していて、「ナ」が「左」の元の字形でもあります。

「工」が呪具であることは「巫」や「塞」などの漢字にもあらわれています。

「巫」の古代文字には「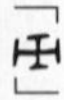」「」などの字形がありますが、「」は「」を縦横に組み合わせた字形をしていて、これが「巫」の元の字形です。「」は、左右の手で呪具である「工」を奉じる形をしています。

【塞】

サイ・ソク
ふさぐ・とりで

呪具をたくさん建物の中に閉じ込め、邪霊を封じ込める字形

【尋】［尋］

ジン
たずねる・つぐ・ひろ

「右」と「左」の手を重ねた形

「塞」の古代文字「」を見ると、たくさんの「工」が「宀」の下にありますね。これは呪具である「工」を建物の内部に閉じ込める形の字で、それによって邪霊を封じ込めるという字形なのです。

最初に紹介した「右」の字も、「左」の字も神への祈りに関係した漢字ですが、古代からある漢字には、このように神や祈りに関係したものが多いのが一つの大きな特徴です。

「尋」という漢字の中に「エ」と「ロ」という片仮名のような部分があって、漢字を習ったばかりのころ不思議に思った人も多いかもしれません。「エ」はもちろん片仮名ではなく、呪具の「」のこと。「ロ」も片仮名でも、「口」《くち》でもなく、祝詞を入れる箱「」（サイ）のことです。

「尋」の上の片仮名の「ヨ」のような部分は旧字「尋」を見れば明快にわかりますが、旧字ではこの部分は「⺕」

【寸】

スン・ソン
わずか

「手」（又）の形と「二」とでできている。「又」は指を伸ばした右手の形。それに指一本を添えた字形

となっていて、これはまさに古代文字の「」の形で、「手」を示す字形です。

さらに下の「寸」の部分も古代文字「」を見てもらえばわかるように「手」を示す字形です。

つまり「尋」とは左右の手を縦に重ねた字形なのです。右手に祝詞を入れた「」（サイ）を持ち、左手に呪具「工」を持って、神を祭るべき場所を「たずねる」という意味の文字なのです。そのとき、両方の手を広げて神に尋ねるので、「一尋《ひとひろ》」などの意味が生まれました。

「尋《ひろ》」とは長さの単位で、成人男子が両手を左右に広げたときの指先から指先までの長さのこと。ちなみに一尋は古代中国の約八尺（約一・八メートル）です。

また、この右に祝禱《しゆくとう》の器を持ち、左に呪術の呪具を持つというのは、右尊左卑の観念から出たものです。左は右に対して、下であり卑《いや》しい、劣ると考えられていて、そこから官位や地位を低くして遠地に赴任させる「左遷《させん》」「左降」

【又】［又］

ユウ
みぎて・また・ふたたび・たすける

右手の指を出した形

【友】

ユウ
とも・したしむ・たすける

「手」を二つ重ねた形

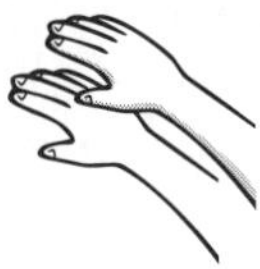

という言葉などが生まれましたが、もともとこの「左」という漢字の中に呪術の意味が含まれていたのです。祝禱の器を持つ「右」に比べると、卑しい「左」だったのです。

「又」という字は右手の指を出した形で、古代文字を見ればわかるように「右」の上の部分「」と同じ形をしています。この古代文字「」から「又」への変化は、わかりやすいでしょう。また「又」という字は「右」という字の元の字形でもあります。音は「ユウ」、訓では「みぎて、また、ふたたび、たすける」とも読みます。

そこで「友」という字を見てください。「友」は、この「右」の元の字「又」と、「右」や「左」の字形にある「ナ」とを一緒にした字なのです。古代文字を見てみれば明らかですが、手を二つ重ねた形をしています。つまり、おのおのの手をもって助ける友のこと。もともとは同族の誓い合った兄弟の友誼《ゆうぎ》の情を示す漢字です。音も「又」と同じ「ユウ」、訓に「とも、したしむ、たすける」などがありま

【取】

シュ
とる・めとる

左耳を手で切り取る形

【最】

サイ
とる・あつめる・もっとも

戦場で切り取った耳を袋に入れて集め持つ形

す。

もう一つ「手」に関する漢字の例を挙げてみましょう。

「取」という漢字の旁《つくり》の「又」も手の形です。古代文字「」を見ると、この字は左耳を手で切り取る形をしています。戦争の際、討ち取った証拠に敵の左耳を切り、その耳の数で戦功を数えたのです。殺した敵の遺体を運んでくることは労力がたいへんなためできなかったからでしょう。この耳を切り取ることを馘耳《かくじ》といいます。凱旋《がいせん》のときには、切り取った耳を廟《みたまや》に献じました。おそらく戦場で、いっぱい耳を取る者がいたのでしょう、それから転じてすべてのものを獲得する意味となりました。ちなみに耳を切るのが「馘耳」で、首を切るのを「馘首《かくしゅ》」といいます。

「最」と「撮」も「取」に関係した漢字です。「最」は戦場で得た馘耳を袋に入れて集め持つ意味です。一番集め、一番功績のあった者のことを「最」といいました。

「最」の古代文字を見てみると、「取」に袋のようなもの

【撮】

サツ・サイ
つまむ・とる

切り取った耳をつまみ持つ形

がかぶせてあるような字形をしています。取った耳の数が多いと、袋のようなものに入れて持ったのでしょう。

「撮」の元の字は「最」であり、「撮」は、つまみ持つの意味。訓に「つまむ、とる」の読みがありますが、この「撮」は聝耳した耳をつまみ持つという意味が元の意味だったのです。

このように古代からある漢字には、戦争に関することが多いのも大きな特徴の一つです。

【止】

シ
あし・とまる・とどまる・ただ

人の足跡の形がそのまま字形に

【足】

ソク・スウ
あし・たる・たす

「止」にひざの皿の形「口」を加えた字形

【足】をめぐる漢字

【手】をめぐる漢字の次は、【足】をめぐる漢字です。

【足】をめぐる漢字の基本は「止」です。その古代文字である「ㄓ」をよく頭に入れておいてください。足をめぐる漢字は、この「ㄓ」を左右逆にしたり、横向きにしたり、上下逆にしたりする字形のバリエーションで、その多くが構成されているからです。

まず古代文字を見ると「止」は人の足跡の形をそのまま字にしたもので、この「止」が「足」のもともとの字なのです。

その後で「止」が「とめる」の意味にもっぱら使われるようになり、「止」の上に「口」をつけた「足」の字が作られました。古代文字の字形を見ればわかりますが、この

【歩】

ホ
あゆむ・あるく・ゆく

[歩]

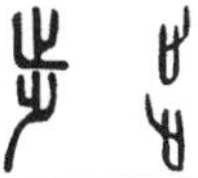

左右の足跡をかいた字形

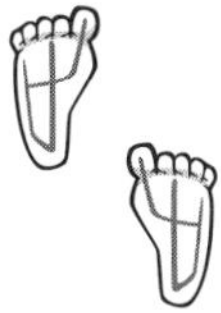

【走】

ソウ
はしる・おもむく・さる

両手を振って人が走るさまをそのまま字形に

「□」は、【手】をめぐる漢字のところで説明した祝詞《のりと》を入れる器「」（サイ）ではありません。この「□」は、ひざの皿の形です。

「歩」という漢字は、古代文字「」を見ると、「止」の形「」と、それを左右逆にした形「」の組み合わせでできています。つまりこれは、左右の足跡をかいた形で、歩く動作をそのまま示した漢字なのです。

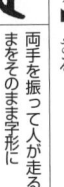

それなら「走」はどういう文字でしょうか。これも古代文字を見るとわかりやすいですが、上の「土」は、人が両手を広げている姿です。下は「止」の形。つまり人が両手を振って走るさまをそのまま形にした漢字です。

次に、一見しただけでは、足に関係した漢字とは思えないような例を挙げてみましょう。

【正】
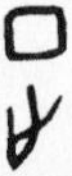
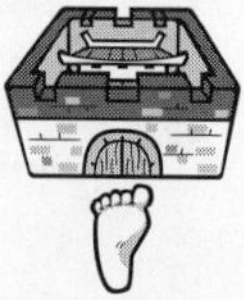
セイ・ショウ
ただしい・ただす・
おさ・まさに
城に向かって「止」（あし）を進める形

【征】
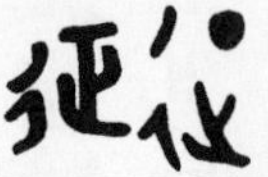
セイ
うつ・とる・ゆく
進むという意味の「彳」を「正」に加えた字形

「正」の字が、その一つです。この「正」という漢字は、「一」と「止」とでできた漢字です。そして「一」の部分は、古代文字では「口」の形をしていて、この「口」は四方を壁で囲った城の形です。

つまり、この「正」という字は「口」（城）に向かって、「止」（あし）を進める形で、進軍して相手を征服する意味です。相手を力で征服して、こちらの思うように「ただす」ことが、もともとの意味なのです。

その「正」がもっぱら「ただしい」の意味に使われるようになり、区別のために「征」の字ができました。だから「正」は「征」の元の字です。

「征」に「税金を取り立てる」という意味があります。これは征服した土地から徴税することからきたものです。その徴税を管理することを「政」といいます。

【政】

セイ
まつりごと

鞭で相手をたたき、ただすという字形

【武】

ブ・ム
たけし・つよい・もののふ・あしあと

戈（ほこ）を持って、前進する形

「政」の字の旁《つくり》の「攵《ぼく》（攴）」の部分は手に鞭《むち》を持って相手をたたく形です。このことも「攴」の古代文字「[illegible]」を見るとよくわかります。「卜」の部分は「木の枝」で、「卜」の下の「又」は手のことです。

つまり敵を力で倒し、鞭を使って徴税するのが「政《まつりごと》」で、それをつかさどる支配者を「正」といいました。官の長を「正」というのもここからきたのです。主水正《もんどのかみ》、現代では検事正、警視正などの例がそうです。

だから「正義」という言葉も、最初は「人がふみ行うべき正しい道」という意味ではなくて、もともとの意味は征服した敵を思うように「ただすための支配者の道理」のことでした。

もう一つ、進軍する意味での「止」の例を挙げておきましょう。

「武」がそうです。「武」という字は「戈《か》」（ほこ）と「止」（あし）とで成り立っています。これは「戈」を持っ

【韋】

イ
たがう・
なめしがわ

城のまわりを人が巡る字形

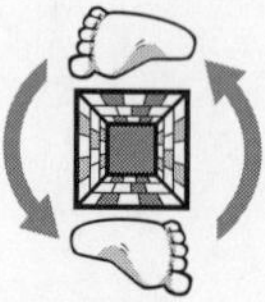

【違】

［違］

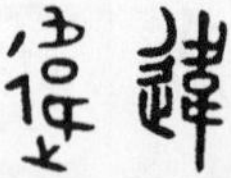

イ
めぐる・たがう

城のまわりに左右逆向きの「止」（あし）をかき、「辶」を加えた形

て、前進することをあらわした文字なのです。

次に「止」の古代文字が横倒しになった「」や「」が出てくる漢字を紹介しましょう。

「韋」がその字です。「韋」の真ん中にある「口」は、「正」の古代文字の中にあった「口」と同じで、城郭の形です。その城郭の上に左向きの「止」（あし）を、下に右向きの「止」（あし）を加えて、城のまわりをまわり巡る意味をあらわしています。古代文字「」のほうが左向きと右向きの「止」（）の形がよくわかると思います。

「韋」の音は「イ」。「止」（あし）の向きが一方が左向き、もう一方が右向きであることから「たがう」の意味があります。ほかに「なめしがわ」の意味もあります。

「違」は、この「韋」に「辶」をつけた字。「止」の方向が左右逆向きなので、「ちがう、たがう」の意味をあらわしています。

【衛】 エイ まもる

［衛］

城のまわりを巡り歩いて、城を守る字形。古代文字には、四方に「止」がかかれたものもある

【行】 コウ・ギョウ・アン ゆく・おこなう・みち

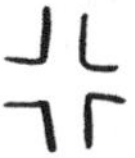

十字路の形がそのまま字形になった

「衛」は、「韋」を「行」の中に入れた形の字です。城のまわりをぐるぐる巡り歩くことから、城を守る、防衛する意味をあらわしています。古代文字の中には、同じ意味の字で「止」（あし）が四つ、城の周囲にえがかれて、城をぐるぐる巡りながら守っている字形のものもあります。

「違」や「衛」が出てきましたので、ここで「行」（ぎょうがまえ）、「彳」（ぎょうにんべん）、「辶」（しんにゅう、しんにょう）について、説明しておきましょう。

「行」（）は十字路の形をそのまま字形にしたもので、大きな道路が交差している四つ角をあらわし、人の行く所であるから「いく、ゆく」の意味になりました。

安全な共同体から出ていく道路は邪霊の住む危険な所であり、それが交わる十字路は、いろいろな霊も行き交っている場所でした。そこではいろいろな呪術《じゅじゅつ》が行われました。

十字路で行われた呪術には、「衒」（てらう）、「術」（わざ）などがあります。これらの文字は十字路を意味する

【彳】
テキ
たたずむ

四つ角の左半分の形

【辶】
チャク
はしる・こえる

「彳」と「止」が一緒になった字形

「行」の中に「玄」や「朮」が入れられた字形をしています。

そして、「行」は行くことから、広く「行為すること一般」を意味することになりました。

「彳」（）は「行」の半分。四つ角の左半分の形です。小径《こみち》のことで、歩くことの意味をあらわします。

「辶」の古い字形「辵《ちゃく》」（）をよく見てください。上の部分は「彳」の形、下の部分は「止」です。つまり「辶」は「彳」と「止」が一緒になった字形なのです。「しんにゅう」の元の字形「辵」は古代文字そのままの形です。そして、この「辶」は道を行くことをあらわしています。

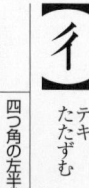

これら「行」「彳」「辶」は、この本の中でも、繰り返し出てくるので、ぜひ覚えておいてください。

さてまた「止」（あし）に戻って、「止」が上下逆さにな

【夂】

チ
くだる

「止」の上下逆転形。下向きの「あし」

【各】

カク
いたる・おのおの

「夂」と「口」(=サイ)でできた字形。神への祝禱により神が下り来ること

った字形を紹介しましょう。

「夂《ち》」がその字です。

「夂」は「止」が上下逆向きとなった字形なのです。「夂」の古代文字「」と、「止」の古代文字「」を見比べてください。二つの文字が上下逆向きの関係であることがわかってもらえると思います。つまり「夂」とは下向きの「あし」のことなのです。

「夂」の古代文字と「止」の古代文字を見比べてもわかりにくい場合は、この本を逆さにして見るのもいいかもしれません。

つまり「止」が下向きになった「夂」は「くだる」という意味をあらわす字形です。

では、この「夂」に関連した漢字の例をいくつか挙げましょう。「夂」を含む漢字の一つは、まず「各」です。

「各」の下の「口」は「くち」ではなくて、祝詞を入れる器「」(サイ)のことです。「夂」は下ることで、「各」

【客】

キャク・カク
まろうど・たびびと

みたまやに客神が下り来る字形

【降】〔降〕

コウ
くだる・ふる

旁は「夂」を二つ重ねた形。「阝」は神が昇り降りする階段（梯子）。合わせて神が降りて来ること

は神への祝禱《しゅくとう》によって神が下り来ることです。つまり「きたる」が字の原義です。そこから「いたる」の意味も生まれました。

神が相伴って降臨することを「皆」といい、単独で降りてくるのを「各」といいます。そこから「各自」の意味も生まれました。

さらに「客」という字は「宀《べん》」の中に「各」が入った漢字です。「宀」は、みたまやを示します。つまり、みたまやに各《いた》る者が「客」です。「客神」のこと、自分たちとは違う異族の神のことです。

次に神が降臨する際の「降」の字、これも「夂」に関連した文字です。

旁の「夅」の部分、これは古代文字を見てもらうとわかりますが、「夂」を二つ重ねた形をしています。つまり「止」を二つ重ねた形である「歩」の転倒形で、下るときの左右の足をあらわしているのです。

【陟】

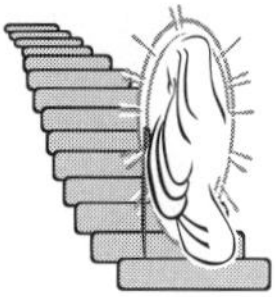

チョク
のぼる・すすむ・たかい

神が昇り降りする階段（梯子）である「阝」に「歩」を加えて、神が階段をのぼっていくこと

さらに偏の「阝」も古代文字「阝」を見ると、よりはっきりわかりますが、これは神様が昇降する際の階段（または梯子《はしご》）を示しています。つまり「阝」と「夅」を合わせて、神が降りて来る意味の漢字なのです。

この「降」と対をなすのが「陟」です。「陟」は、古代文字では「陟」という形をしていて、もともとは神様が階段を歩いてのぼっていくこと。そこから一般的に高い所にのぼる意味となりました。音は「チョク」、訓は「のぼる、すすむ、たかい」。陟降《ちょっこう》とは「のぼりおり」のことです。

神が陟り降りする「阝」については、この本の他の場所でもいくつかの例を挙げて説明したいと思います。

【手】をめぐる漢字のところでも述べましたが、漢字が生まれた中国の古代国家・殷《いん》では、国の大事は祭祀《さいし》と軍事でした。だから神と戦争にかかわる漢字はとても多いのです。

【足】をめぐる漢字でも「各」「客」「降」などは祭祀・神にかかわる文字ですし、「正」「征」「武」「衛」などは軍事にかかわる文字です。

また漢字が生まれた殷の時代と日本の古代はかなり時代が隔たっているのですが、それでも漢字の世界が日本に伝わり、かなり正確に残っている場合も多いと白川静さんは考えていました。それは殷も日本も「沿海の文化」というものでつながっているからです。

殷と日本には、ともに文身《ぶんしん》（入れ墨のこと）の文化がありました。殷はもともと中国東方の沿海族で、文身は太平洋沿岸の民族に広く行われていました。また殷と日本は、貝（子安貝）を大切にする文化があったことなどでもつながっています。この本の中で、日本と殷の共通する文化や習俗を白川静さんの考えを通して紹介していきたいと思います。

その例をここで少しだけ挙げておきましょう。説明したように「降」や「陟」の「阝」（𨸏）は神が昇降する階段（または梯子）を示していますが、伊勢神宮でも真ん中の柱に足かけの刻み込みがあり、これが神が昇降する階段だと白川静さんは指摘しています。

また「客」は異族の神、招かれた客神のことですが、日本人は、これを「まろうど」（まれびと）と読みました。「字義に即した正しい読みだ」と白川静さんは語っていました。白川静さんによれば、古代日本の漢字の読みには、きわめて正確なものが多く、それが漢字を学ぶ楽しみでもあるのです。

【人】

ジン・ニン
ひと

横向きの人をかいた字形

【人】をめぐる漢字

「人」という字は、古代文字「」の形を見ればわかりますが、人が横向きになった姿をかいた漢字です。

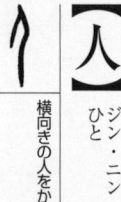

漢字の素晴らしさは、この「人」という字をたった二画で表現したことによくあらわれています。漢字と同じ象形文字としてエジプトのヒエログリフが知られていますが、これは人の形を書くときに五体すべてを輪郭的に書いています。ところが漢字は単純な線の文字として、最初の一画が頭部と手をあらわし、二画目が胴体と足をあらわすことで「人」を表現しています。

この単純化が漢字で筆記する能率化に貢献して、象形文字にもかかわらず、誕生から三千年以上たっても実用文字として使用されている理由となっています。極度の単純化による線表現文字ということが、漢字に果たした役割とし

【従】

［從］

ジュウ・ショウ
したがう

人が二人前後に並んで歩く形。それに道を行く意味の「彳」と「止」を加えた字形

て、もう一つ見逃せないのが後の書法の源泉となったことです。この線表現から、「書」が生み出されていくのです。

さて、その「人」という字形を二つ並べてみたり、それを反対向きにしてみたり、いろいろな意味の異なる文字を漢字は作りだしていきます。

横向きの「人」が二人前後に並んでついて歩く形が「従」(從)で、古代文字は「从」というシンプルな形をしています。旧字の「从」の部分が、古代文字の形をあらわしています。この「从」が「従」(從)の元の字です。

「彳」は十字路の左半分で、旧字「從」の旁《つくり》の下の部分は「止」(あし)のことです。

「彳」と「止」が合体したのが「辶」で、道を行く意味をあらわすことは、【足】をめぐる漢字の欄で紹介しましたが、この「從」の字の「从」を除いた部分は、「彳」と「止」でできた字形をしていて、これは「辶」という字形になる前の形の「辵《ちゃく》」に近い、古い形のままの字形が残っ

【比】

ヒ
したしむ・くらべる・したがう

「从」とは反対向きに二人の人が並んでいる字形

【北】

ホク・ハイ
きた・そむく・にげる

背中合わせになっている二人の人をかいた字形

ていると いえるでしょう。

つまり「従」（從）は「从」に、道を行く意味の「⻌」をつけた字形と考えていいのです。「従」（從）は前の人の「後ろにしたがう」のがもともとの意味であり、後にすべてのことに「したがう」という意味になったのです。

「从」とは反対向きに二人並べた字が「比」（）です。「比」の古代文字「」と、「从」の古代文字「」を比べてみると、反対向きなのが、ほんとうによくわかると思います。そして、この文字は並んだ二人を「比べる」という意味となりました。

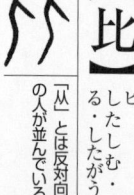

つまり二人の人間が左を向いているのが「従」（從）、右を向いているのが「比」。

それなら、二人が背中合わせになった字は何か。それが「北」です。

古代文字「」を見れば、右向きの人と左向きの人が背中合わせになっているのがよくわかるでしょう。そこから、

【背】

ハイ
せ・うしろ・そむく

人が背中合わせになった形の「北」に「月」（にくづき）を加えた字形

【尸】

シ
しかばね・かたしろ・つかさどる

人が倒れ、横たわる形

「せ、せなか、そむく」の意味となりました。
また敵に背中を向けて逃げることを「敗北」といいますし、「にげる」意味にも用います。

漢字が北半球で生まれたので、明るくて暖かい南方が正面となり、王は儀式を行うときは南を正面として座ります。そのように天子は南面するのですが、このとき、王が背を向ける方向を「北」といい、「きた」の意味となったのです。

しかし「北」の字が、もっぱら方位の「きた」の意味に用いられるようになってしまったので、体の一部をあらわす「月」（にくづき）がつけられて、「背」の字が生まれました。「背」の古代文字は「」です。

さて、この横向きの「人」（）の形がもう少し倒れると「尸《しかばね》」という字になります。古代文字は「」という具合になっていて、死体が横たわる形を示しています。これ

【久】
キュウ・ク
ひさしい
横たわる死体を後ろから木で支えている字形

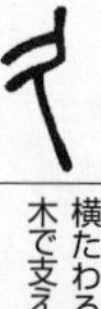

【柩】
キュウ
ひつぎ
死んだ人（永久の人）を木箱匚に納めた形

が「屍《しかばね》」の元の字です。

この横たわる死体を後ろから木で支えている形が「久」（）です。死んで「永久の人」になることから、「久しい」の意味が生まれました。

「柩」とは、その「永久の人」を木の箱に納めた形です。古代文字は「」という形をしています。「久」「柩」という文字は、古代の中国人にとって「永久」という概念が「死」から生まれたことを示しています。本来なら死体は朽ち果てていくものであるのに、それがなぜ「久遠」「永久」の意味になるのでしょうか。

【真】をめぐる漢字のところで詳しく紹介しますが、「真」（眞）は行き倒れで亡《な》くなった人を示す文字なのですが、それが「真理」という意味に転化していきます。そこにも同様な思考があります。

白川静さんは、死や消滅を意味する文字に「永久なるも

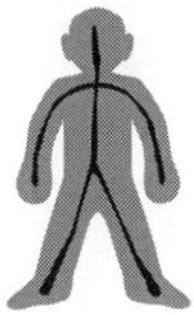

【大】
ダイ・タイ
おおきい・さかん・すぐれる

正面から見た人をかいた字形

【天】
テン
あめ・そら

正面から見た人の形である「大」に大きな頭を加えた字形

の」「不滅なるもの」を見いだそうとした、その古代中国人の心に、生死の問題を考え、死の中に積極的な意味を見いだそうとした深い思想を受け取っています。それは人間の生命への愛《いと》おしみを霊的な表現を通して守ろうとしたことでもありますが、白川静さんはそこにアジア的な思想の可能性を感じていました。

今度は、人を正面から見た漢字の例を見てみましょう。人が手足を広げて立っているのを正面から見た漢字が「大」です。古代文字は「」という形をしています。

この「大」の上に大きな頭を加えた形が「天」の字で、その古代文字は「」です。人の体の一番上にある頭を意味する「天」から、空の「天」の意味になったのです。

天は神のいるところ、神聖な場所であると考えることは、既に殷《いん》の時代からありました。

【夫】

フ・フウ
おっと・おとこ・かの・それ・かな

正面から見た人の形「大」の髷に簪を通している姿をかいた字形

【見】

ケン・ゲン
みる・あらわれる

人を横から見た形を示す「儿」（ジン）の上に「目」をのせて、「目」を使った行為を強調した字形

また、人の正面形である、この「大」の頭に「一」を加えたのが「夫」（）です。これは髷《まげ》に簪《かんざし》を通している男の姿のことです。結婚式のときに頭上の髷に簪をさして正装している男子をあらわしています。それゆえに「おっと、おとこ」の意味になるのです。夫人、夫子は直接に名前を呼ばないで、「夫《か》の人」と婉曲《えんきょく》にいう表現です。

さらに人を横から見た形を示す字形として、多くの漢字に使われる「儿《じん》」があります。その「儿」が使われた、いくつかの例を挙げましょう。

まず「見」です。

古代文字は「」という形で、「目」の下に「儿」をつけています。「見る」行為の特徴である「目」を強調した文字です。このように特徴的なものを上に出して強調して意味を生み出すのも漢字独特の造字法なのです。

【兄】

ケイ・キョウ
あに

人（儿）の上に、祝禱の祝詞を入れる器である「口」（＝サイ）をのせた字形

【光】

コウ
ひかり・ひかる

人（儿）の頭上に大きな火をのせて、火を強調した字形

同様な造字法によってできている漢字の例をいくつか示しておきましょう。

例えば、「兄」（）です。

これは「口」と「儿」を組み合わせてできた漢字です。「口」は、前にも説明しましたが、「」（サイ）で、神への祈りの文である祝詞《のりと》を入れる器のことです。

ですから「兄」は、この「」を頭上にのせている人を横から見た形で、神を祭る人のことです。

兄弟のうちの長兄が担当した家の祭りごとのときの「」を強調して、「あに」の意味となったのです。

もう一つは「光」です。これは「火」と「儿」を組み合わせた形です。この「光」の古代文字の古い字形「」を見ると、跪《ひざまず》いている人の頭上に大きな火がかかれています。これも人の上に火を強調して見せる字形となっています。火は古代において神聖なものであったから、聖職として光をつかさどる者があったようです。

【先】

センさき・まず

人（儿）の頭上に「止」（あし）をのせて、「行く」という意味を強調した字形

さらに「先」も同様の造字法による字です。これは古代文字「」を見たほうがわかりやすいと思います。つまり「止」（）と「儿」を組み合わせた形の字です。人の上に「止」（あし）を加えて、行くという意味を強調し、先行の意味となりました。

甲骨文によると、殷の時代には異族の人たちを先行させて道路の安全を確かめる儀礼があったようです。未知の土地には邪霊が潜んでいると考えられていたのです。

【示】
ジ・シ
かみ・しめす

神を祭る際のテーブル（卓）の形

【祭】
サイ
まつる・まつり

神を祭る祭卓に肉を手でのせている字形

【示】をめぐる漢字

「示」も「ネ（示）」（しめすへん）などの漢字でたくさん使われる字形です。

この「示」は、神を祭るときのテーブルの形なのです。そういわれてみると、なるほどそんな形ですよね。古代文字「」を見ても、現在の字形とほとんど同じ形をしています。

「示」は神様を祭るときのテーブルですから、この「示」を使った漢字は、みな「神」（神）に関係した文字です。

わかりやすい字をいくつか示しましょう。

まず「祭」（）です。この字は古代文字を見ても、現在の字形を見ても、これまで説明してきたことからよくわかる漢字です。

【際】

サイ
きわ・あいだ

神が昇降する階段（梯子）の形である「阝」の前に、神卓を置いて、その上に肉を手でのせている字形

この「祭」という字は「月」と「又」と「示」でできています。その「月」は夜空の月ではなくて、「にくづき」のほうの「月」で、一枚の肉切れのことです。「月」の横の二本線は肉の筋をあらわしています。「又」は何度か紹介していますが、手の形です。そして「示」は神を祭るときのテーブルです。つまり「祭」という字は、神を祭る祭卓に手で肉をのせて、お祭りをするという意味の漢字なのです。

こういう字解を知ると、なんで学校ではこういう教え方をしてくれなかったのかなあと思いますよね。こういうふうに教われば、一生忘れないです。

その次に「祭」と関係した文字の「際」について説明しておきましょう。「際」の古代文字は「」というものです。

【足】をめぐる漢字のところでも説明しましたが、偏の「阝」（）は神様が陟《のぼ》り降りする梯子《はしご》、または階段のこと

【祝】［祝］

シュク・シュウ
いのる・はふり・いわう

祝詞を入れる「口」（＝サイ）をかかげた長兄と祭卓とでできた字形

です。その神梯《しんてい》の前の祭卓（示）に手（又）で肉を供えて祭ることをあらわす字が「際」です。

　そこは天から降りて来る神と人とが相接する所です。つまり「際《きわ》」とは、神と人の「きわ」のことというのが最初の意味です。そこは神人が出会う所でもありますが、それとともに人が達することのできる極限の所も意味しています。これ以上はないという「際限」の意味でもあるのです。

　次にまた「示」に戻って、いくつか「示」のつく漢字を説明しましょう。

　「祝」（祝）という字について、まず説明すると、この「祝」の古代文字「」の右の「兄」は、頭の上に祝詞《のりと》を入れる器である「」（サイ）をかかげた長兄のこと。そのことは【人】をめぐる漢字のところで紹介しました。この「兄」の左に神を祭る祭卓をあらわす「示」をつけた字形で、神にお祈りをするという意味です。それが神に祈る人の意味になり、後に「いわう」の意味に使うようになっ

【祖】［祖］

ソ
せんぞ・おや

俎の形である且と祭卓でできた字形。肉を供え、先祖を祭ること

【租】

ソ
みつぎ・かりしろ

穀物である「禾」と「且」（まないた）とでできた字形

たのです。

「祖」（祖）という字の旁《つくり》の「且」（且）は、俎《まないた》の形です。「且」の読みは「ショ、ソ、まないた、せんぞ、かつ」などです。

「俎」という字の左側の「人」が上下二つ重なったような形は、「肉」という字の「冂」の中に入っている字形と同じで、二つの肉片をあらわしています。つまり「且」は、その上に、お供えものをのせる俎のことで、「俎」という字の元の字です。

その字に祭卓をあらわす「示」を加えて、「祖」（祖）が作られました。肉を供えて先祖を祭ることから、「せんぞ」のほかに、「もと、はじめ」などの意味となりました。

「示」偏ではありませんが、ついでに「租税」の「租」（租）という字を説明しておきましょう。この「租」は、「且」（まないた）の上にのせた穀物の「禾」（カ、いね）

【社】［社］

シャ
やしろ・くにつかみ

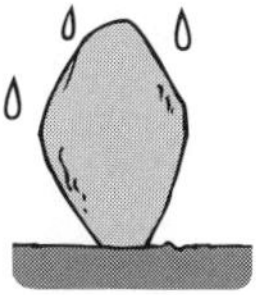

土饅頭を土地の上に置いた形である「土」と祭卓をあらわす「示」とを合わせた字形

のことです。お祭りのお供えものとして納めさせたものが、後に「租税」となったようです。

「社」（社）も「示」がついた漢字です。これは元は「土」という字でした。古代文字を見ると、縦長の土饅頭《どまんじゅう》を土地の上に置いた形をしています。これは土主（土地の神）の形で、「社《やしろ》」の原形となる字形です。別な甲骨文字を見ると、その饅頭形の土に、水滴のような点々がかいてあるものもあります。これは清めの酒がかけてあるのです。

このように土を固めて団子形にして、そこに神様を迎えてお祀《まつ》りをしたのが「社」です。土饅頭が神様のかわりになるわけで、これにお酒などを注いだりしますので、それを点であらわしています。「土」に点がついた「𡈽」という字形がそのことを示していますが、古代文字を見ると、お酒と思われる点は一つではなく、いくつもかかれています。

この土饅頭を固めて、そこに神様を迎えお祀りする「社」

【土】

ド・ト
つち・くに・ところ

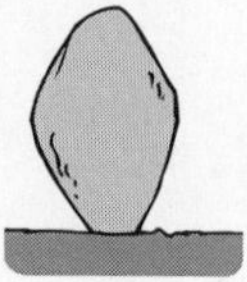

縦長の土饅頭を土地の上に置いた形

が、つまり神社というものの原形なのです。神社というと日本にたくさんあるので、日本独特のものと思われるかもしれませんが、モンゴルにも「オボ」という神社形式のものがありますし、朝鮮半島にも神社はあります。つまり漢字の古代文字形までたどって、神社というものを考えますと、モンゴル、中国、朝鮮半島、日本に非常に一般的にあるものです。

しかし、「土」という字がしだいに「つち」や「大地」の意味に使われるようになったので、神を祭る祭卓をあらわす「示」をつけて、もともとの「やしろ」の意味をあらわす字となりました。

ですから、「やしろ」は、元来は建物が建てられたり、屋根がかけられたりするものではなかったのです。山や川、林のある土地すべてに「神」が住むと考えられ、各地の土主の上に木を植えて祭ることが多かったようです。

後に、建物が建てられ、そこに神を祭るようになり、

【帝】［帝］

テイ・タイ
あまつかみ・みかど

「示」よりは大きなテーブルの形で、脚の中央を結んである字形

【締】［締］

テイ
むすぶ・しめる

大きな祭卓の交差した脚部を糸で結んで締めること

「神社」となりました。さらに「社」を中心とした集団的秩序を持つものの名となり、「結社」「商社」「会社」などの人々の集団を示す言葉としても使われていくようになったのです。

　さて、神を祭るときのテーブルには、「示」のほかにもう一つあります。それが「帝」です。

「帝」は「示」よりも大きな祭卓で、左右交錯するテーブルの脚を中央で結んで安定させたものです。最も尊い神を祭るときに使うもので、つまり帝《みかど》を祭る祭卓の意味です。帝は自然神で、その最高神が上帝でした。

　金文によると、祖先の霊は天にあって、上帝の左右に仕えるものとされているといいます。後に「帝」は「天子」の意味に用いるようになりました。

　そして「締」は、「帝」の大祭卓の脚部を交差させて、糸でぎゅっと結んだ形です。古代文字は「」という形を

しています。締結などの言葉もこの〝糸でぎゅっと結ぶこと〟から生まれました。

【申】
シン
かみ・のびる・もうす

稲妻が屈折しながら走る形

【申】をめぐる漢字

神を祭るときのテーブル、「示」の関連字の説明をした後では、この【申】をめぐる漢字について申し上げねばなりません。

それは、漢字には神に関係した文字が多いので、「神」（神）という字の成り立ちを説明しなくてはならないからです。

そこで、まず紹介しなくてはいけないのが、「申」（、、）の字なのです。なぜなら、この漢字がもともとの「神」の意味の文字だったからです。

「申」のいくつかの古代文字を挙げておきましたが、みなこれらは稲妻が屈折しながら走る姿なのです。古代で最も不思議で恐れられた自然現象は雷でした。日本語でも「かみなり」というように、雷と稲妻は神の顕現と思われ

【神】シン　かみ・たましい

［神］

稲妻が屈折して走る「申」に祭卓の「示」を加えた字形

【伸】シン　のびる・のばす

稲妻が屈折して走る「申」に「人」を加えて、人が屈伸する姿をあらわす

たのです。稲妻は縮んだり、伸びたりして斜めに屈折しながら走るため、屈伸の意味や伸びるの意味もあります。

そのように「申」の字が多義化して、「かみ」以外の「のびる、もうす」などの意味にも使われるようになったので、神への祭卓をあらわす「示」がついて、「神」（神）が作られたのです。

さらに「申」の関連字を挙げると、「伸」（伸）があります。稲妻の電光が屈折する姿から、人が屈伸する姿のことを「伸」とかくようになりました。後に、伸びるものすべてに使われていったのです。

次に「紳」（紳）の字です。旁《つくり》の「申」は、やはり稲妻が屈伸しながら斜めに走ることから、「のびる」意味をあらわします。長く垂れた礼服の幅広の帯を「紳」といい、「おおおび」の読みもあります。

そこから、身分の高い人、上級の官吏などを指すように

【紳】

シン
おおおび

「申」に「糸」を加えた字形。屈伸して走る稲妻の「申」には「のびる」意味があり、長く垂れた幅広の帯のこと

【電】

デン
いなずま・いなびかり

気象現象を示す「雨」に「申」を加えた字形。稲妻のこと、稲妻のように速いこと

なり、教養の高い知識人のことをいうようになったのです。

もう一つ「申」の関連字を挙げておきましょう。それは、「電」です。「電」は、「、、」という古代文字のバリエーションを見比べればわかりますが、これは「雨」と「申」とでできた漢字です。電光をあらわす「申」は、この字では下部が右に屈折しています。

それに「雷」や「雲」など、雨や水に関係する気象現象をあらわす「雨」をつけてできた字です。「いなずま」の意味にも、「いなずまのようにはやい」の意味にも使います。

このように「申」という文字が含まれる漢字には「屈伸しながら走る稲妻」という共通した関連性があります。漢字を理解する上で最も大切なことは、漢字が持っている、この体系的な成り立ちを知ることです。

さて、「申」の字が使われているわけではありませんが、

【雷】

ライ
かみなり・いかずち

気象現象を示す「雨」に「田」を加えた字形。「田」の元の字形の「畾」は稲妻が放射する字形

【雲】

ウン
くも

「雨」に「云」を加えた字形。「云」は龍が尻尾を巻いている形

ついでに「雷」「雲」の字についても、ここで説明しておきましょう。

「雷」の古代文字は「靁」や「」という形をしています。元の字は「雨」に「畾《らい》」という字。後に省略して「雷」となりました。田を四つ書く「畾」という字形もあって、稲妻が放射する形です。また雷電は、かみなりといなずまのこと。雷が鳴り、稲妻が走ることです。

「雲」のほうですが、その下の部分の「云」は、もともとは龍の尻尾《しっぽ》が巻いた形で、雲の流れていく下に龍の尻尾がちょっとだけ現れ、見えている形です。古代文字を見て、その字形の意味を知ると、この龍の尻尾だけがちらりのぞいている「雲」という漢字がかわいらしく見えてきます。「龍」は伝説上の不思議な力を備えた聖獣で、洪水の神です。だから「雲」の字形の中に龍の尻尾がちらりのぞいているのです。

古代文字を見ると、「云」だけで「くも」の意味の字になっています。「云」が「雲」の元の字なのです。

その「云」が「いう」のように別な意味に使われだしたので、気象現象をあらわす「雨」を加えた「雲」の字ができました。このように、「雲」の字に龍の尻尾が含まれているということは、つまり漢字が誕生したころの古代中国では、「雲」は生きている生物の姿だと思われていたということです。

【𠂤】

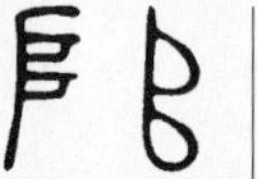

タイ・シ
にく

軍隊が出征する際に奉ずる二枚の大きな祭肉

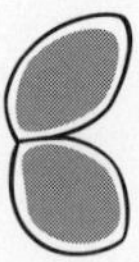

【師】

シ
いくさ・せんせい

軍隊が奉ずる大きな二枚肉の横に剣を置いた字形。軍を分けて行動する際には祭肉を剣で切って持たせた

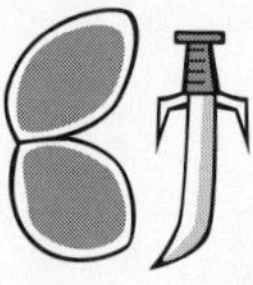

【𠂤】をめぐる漢字

この「𠂤」という字の音読みは「タイ」、または「シ」です。「𠂤」は軍隊が出征するときに、奉ずる肉の形です。「祭」の字にも祭卓（示）の上にのせられる肉が出てきましたが、この「祭」の字に出てくる肉は一枚の肉です。でも「𠂤」の字があらわしている肉は、古代文字「」を見てもわかりますが、肉の形が、二枚の肉になっています。

古代中国では、軍隊が戦に出る際、自軍を守ってくれるように供えた二枚の大きな肉を携えて行動したのです。その二枚の祭肉をかたどったのが「𠂤」で、「師」という字の元の字でもあります。

「師」という字は、その二枚の祭肉の横に剣を置いた形です。イラスト、古代文字、現在の字形という順に見ても

【遣】

［遣］

ケン
つかわす・やる

「𠳋」は、祭肉「𠂤」を両手で持つ形。それに「辶」を加えて、祭肉を持って行動する姿をあらわした字形。元は軍を派遣する意味

らうと、そのことがよくわかってもらえると思います。

つまり、旁《つくり》の「帀」は、血止めのついた刀の形です。作戦上、軍隊を分けて行動する際には、この祭肉を剣で切って、分かれた軍にも祭肉を持たせました。この肉は、軍の守護霊ですから、出征中の軍隊は必ず携えなくてはならなかったのです。

この大切な祭肉を切る権限を持つ者が「師」です。その「師」には、氏族の長老があたり、引退後は指導者として若者の育成にあたりました。「師」が「せんせい」の意味になるのも、そんな理由からです。

祭肉を携えて、軍が行動することを「遣」といいます。「遣」の「辶」以外の「𠳋」の部分は、古代文字「」で見ると、祭肉「𠂤」を両手で大切に捧《ささ》げ持つ形をしています。それに「辶」をつけて、祭肉を持って行動する姿をあらわしている漢字です。周の金文に「唯《こ》れ王、明公に

【追】

［追］　ツイ・タイ　おう・およぶ・したがう

「𠂤」に「辶」を加えた字形。逃げる敵を祭肉を持って追撃すること

命じ、三族を遣《つか》はして、東國を伐《う》たしむ」とあることが、『字統』に紹介してあります。「遣」とは、まず軍隊を派遣することだったのです。

　それから、すべてのものを「つかわす」ということになりました。さらに日本語では、「つかう」と読み、「気を遣う」や「金を遣う」などのようにもいいます。

　また「遣」に、言偏をつけた「譴」（ケン、せめる、とが）という漢字もありますが、「譴責《けんせき》」などの言葉に使われる、この文字ももともとは軍隊を派遣することに関係していたようです。戦いの際、敵に「譴《とが》」を加えるように、祭肉に対して祈った儀式を示す文字です。

　「追」も軍事に関係した文字です。これは祭肉「𠂤」に、「行く」という意味がある「辶」を加えた文字で、逃げる敵を祭肉を捧げて追撃する意味の漢字です。軍社に祭った祭肉を、軍が行動するときには常に奉じて行動していたの

【官】

カン
つかさ・つかさどる

「宀」（建物の屋根）の下に「𠂤」を置いてある字形。軍の祭肉をみたまやに安置している姿

です。この「追」は軍事行動として追いかけること、追撃の意味をあらわす文字ですから、狩りなどで獣をおう意味の「遂」とは厳密に区別して使われていました。もともとはそのように使われていましたが、後にすべてのものを「おう」という意味になりました。

元来は「後ろから追う」という意味の言葉ですが、時間的に遡《さかのぼ》った対象に対する行為にも古くから使っています。死んだ祖先の霊を供養《くよう》して孝行する「追孝」という言葉などが金文にも記されているようです。

「官」の字も「𠂤」の関連字。建物の屋根をあらわす「宀」の下に、軍隊が行動するときの守護霊である祭肉を置いてある形の文字です。戦の際に祭肉をみたまやに安置してある字形なのです。「官」は役人の意味がありますが、一般的な官僚ではなく、祭肉をつかさどる軍の将官が元の意味です。

卜辞《ぼくじ》に「牛を官に用ひんか」「貞《と》ふ、帝は官するか」「帝は官せざるか」などの例があるそうです。

牛を「官」に用いるということは、牛を犠牲として「官」に供するという意味です。「官」は、次の項で説明するように「館」の元の字でもあります。「帝は官するか」「帝は官せざるか」というのは、その聖所である「官」（館）に、帝が臨んで宿るべきか、どうかを卜したもののようです。

このような例を挙げながら、白川静さんは、「官」が、祭肉をおく軍の聖所であることは疑いないと言っています。

【館】

「館」

カン
やかた・たち・やどる

軍の祭肉を安置している神聖な建物を「官」といい、そこで食事などもするので、「食」が加わって「館」の字形ができた

前述したように「館」も「𠂤」に関連した字です。「館」の旁の「官」は、軍が駐屯するときに、祭肉を建物の中に安置する形です。この祭肉を安置する神聖な建物が「官」で、「館」の元の字です。「官」は将官たちが生活する所でもあり、祭肉の守護霊を迎え、食事などをする所でもある

【帰】［歸］

キ
かえる・とつぐ・おくる

旧字は「𠂤」と「止」と「帚」でできた字形。軍が凱旋して帰り、携えていた祭肉を廟に供えて、無事に帰還したことを先祖に報告する儀礼が元の意味

ので、「館」という字ができました。

ですから、「館」は古くは政府の公館などのことをいったのですが、その後には私人の大きな邸宅も「館」というようになり、今や旅館や映画館などにも使われるようになりました。でも、もともとは「館」は、軍事や神事に関する文字だったのです。

次に、旧字を捨ててしまった現代人にとっては、「𠂤」の関連字とは考えにくくなってしまった字を一つ紹介しましょう。それは、「帰」です。

「帰」（）の旧字「歸」をよく見てください。この「歸」は「𠂤」と「止」と「帚」との三つの要素でできた字です。

「𠂤」は軍の守護霊である祭肉のことです。帚《ほうき》に酒をかけて廟《みたまや》を清めるために使ったので、「帚」は廟のことを意味します。「止」は【足】をめぐる漢字のところでも説明しましたが、足裏の形をかたどった漢字で「足」の元の字で、この場合は「かえる」という意味です。つまり「歸」は、軍が凱旋《がいせん》して帰ると、携えていた祭肉を廟に供えて、無事帰還したことを先祖の霊に報告する儀礼のことです。

このように「帰」とは、元は「軍」が「かえる」ことでしたが、後にすべてのものが「かえる」意味になりました。

さて最後に「𠂤」とは関係ない文字ですが、「氏」という字について紹介しておきたいと思います。それは、この【𠂤】をめぐる漢字の例として、最初に紹介した「師」との関連で覚えておくといいと思うからです。

「師」の旁の「帀」は、軍の守護霊である祭肉を切る剣の形ですが、「氏」（）も、古代文字を見ると取っ手のある小さな刀の形をしているのです。

先祖の祭りの後に氏族の共餐《きょうさん》（集まって食事すること）の際、この小刀で祭りに用いた肉を切り分けるのです。こ

【氏】
シ
うじ

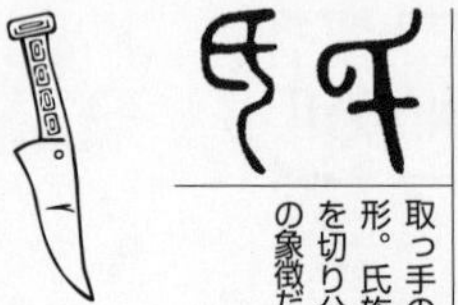

取っ手のある小さな刀の形。氏族の共餐の際、肉を切り分ける小刀は氏族の象徴だった

の肉切り用のナイフが氏族の象徴で、氏族共餐に参加する者を「氏」というのです。氏族長が、その肉を切り分けました。それゆえ、このナイフの形がそのまま「うじ」（氏族）を意味する漢字となったのです。

【余】
ヨ
あまり・あまる・ゆたか・ひま・われ

［餘］

取っ手のついた細い刀のような長い針のこと

【徐】
ジョ
やすらか・おもむろ・ゆるやか

四つ角の左半分を示す「彳」に「余」を加えた字形。道路に長い針を刺して、地下の邪霊を除き、その道を安らかにする

【余】をめぐる漢字

「余」という字には、二つの別な意味があります。一つは「余」の旧字の「餘」の意味です。これは食べ物が余ったことから、後にすべての「あまり」を示す意味となりました。

もう一つは、取っ手のついた細い刀のような長い針の意味です。ここで紹介する一連の漢字は、この「取っ手のついた細長い針、または小刀」を示す「余」についてです。

古代中国では、細長い針（または小刀）である「余」を道路や地面に突き刺して、地中に潜む邪気、邪霊を祓《はら》ったのです。また「余」は医術、治療行為の際に使う針でもありました。

その例をいくつか示しましょう。最初は道路や地面に刺

【除】

ジョ
はらう・のぞく・きざはし

神が昇降する階段や梯子の形である「阝」に「余」を加えた字形。神を迎える際に土地に長い針を刺して邪気を除く形

す「余」です。

まずは「徐」です。「徐」の「彳」は四つ角の左半分の形（【足】をめぐる漢字を参照）。そして「余」は取っ手のある細長い針です。つまり「徐」は、道路に長い針を刺しておいて、地下の邪霊を除き、その道を安らかにするという意味の文字です。そこから「やすらか、ゆるやか」の意味が生まれたのです。

また、地下に潜む邪霊を除くために道路に細長い針を刺す儀礼をすることを「途」といいます。つまり「途」とは、地下に潜む邪霊を祓った道のことです。しかし、この「途」はかなり後になってからできた文字のようで、古代文字がありません。

もう一つ例を挙げましょう。それは「除」です。

「除」の「阝」（𨸏）は神様が昇降する階段（または梯《はし》子《ご》）の形です。神様が、その神梯から降りてくるのですが、

【道】

ドウ
みち・みちびく・いう

［道］

切った首を持って、道を行く字形。道を行くとき異族の人の首を刎ねて、道に潜む邪霊を、その首の呪力で祓った

神様を迎える土地に長い針を刺して邪気を除去したのです。そのことを示す漢字が「除」なのです。そこから「きよめる」「のぞく」の意味が生まれました。

この「徐」と「除」という文字ができたことからもわかりますが、古代中国では地下に悪霊《あくりょう》が潜んでいると考えられていました。特に安全な共同体から出て、道路を行くことはたいへん危険なことで、道の地下に潜む悪霊を針などで、祓い清めながら進んだのです。

ここで「余」の系列字ではないのですが、白川文字学を学んだ人なら、その説明を聞いて、必ずびっくりして、忘れられなくなる文字があるので、そのことを紹介しておきましょう。それはほかならぬ「道」という字です。

この「道」には、なぜ「首」があるのでしょう。漢字を習うとき、そういうことは教えてくれませんし、習う側も、どうして字形の中に「首」があるのか、その理由をあまり

【導】［導］

ドウ
みちびく・おしえる

「道」に「寸」（手）を加えた字形。異族の人の首を刎ねて手に持ち、邪霊を祓いながら道を行くこと

深く考えません。そこを考えていくのが、白川静さんの文字学なのです。

この「道」（）は、古代文字でも、首を持って行く形をしています。金文には「道」に「又」（「手」の形）を加えた字形もあります。この「道」に「手」を加えた字が「導」です。「寸」も「又」と同じ「手」の形です（【手】をめぐる漢字を参照）。

他の氏族のいる土地や外界に通じる道は、邪悪な霊に接触する非常に危険な所であったのですが、その「道」を行くとき、異族の人の首を刎《は》ねて、それを手に持ち、その呪《じゅ》力《りょく》（呪《のろ》いの力）によって、邪霊を祓い清めて進んだのです。その祓い清めて進むことを「導」（みちびく）といい、祓い清められた所を「道」といい、「みち」の意味に使ったのです。

今考えると残酷きわまりない行為ですが、現代とは価値

【叙】〔敍〕

ジョ
のべる・ついでる

旧字の「攴」は木の枝で打つ形。それに「余」を加えて、取っ手のある針を手で使って、膿んだ部位などに刺して、治療することを示す字形

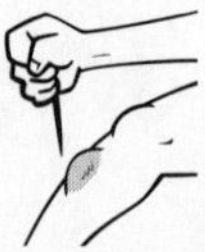

【癒】〔癒〕〔瘉〕

ユ
いえる・やむ

観のまったく異なる時代のことですので、現在の価値観で考えてはいけません。このように呪術的世界が反映した文字が多いのも大きな特徴です。

さて、「余」の字に戻りましょう。前にも説明しましたが、「余」がもう一つ多く使われるのは、治療・医療関係の文字です。

「叙」（敍、）も、その関連字です。

「叙」の旧字「敍」の旁《つくり》「攴」は「卜」（木の枝の形）と「又」（手の形）が合わさった形で、木の枝を使って何かを打つことを意味する字形です。「叙」の場合、取っ手のある細長い針を手で使って、体がはれて膿《うみ》を持った所に刺し、膿などを除去する治療行為を意味しています。

その苦痛をゆるやかにすることを「叙」といいます。叙情的などの言葉で、この「叙」を使いますが、「ものをくみ出すように心情を外にもらすこと」が叙情で、そこから

「疒」と「余」と「月」と「心」とでできた字形。「月」は「盤」のことで、針で膿を除去して盤に移す手術を示した字形

【愉】［愉］

ユ・トウ
たのしむ・よろこぶ

「余」と「月」（盤のこと）に「忄」を加えた字形。針を使った膿の除去手術で心安らぐこと

「のべる」の意味も生まれました。

「癒」（瘉）という字も、「余」に関連した文字です。これはちょっとわかりにくいかもしれませんが、「兪」の部分の「亽」が、「余」の形なのです。「月」は「ふなづき」で「舟」の変形したもの。つまり「盤」の形です。

これは、取っ手のついた針で膿を除去して、膿を盤に移す手術をすることを示している漢字です。その手術によって、傷や病気が「いえる、なおる」意味です。ただし「愈」が「癒」の元の字で、「癒」という字は新しい字のようです。

「愉」は、針で膿を除去する手術をして、心の安らぐことの意味です。「たのしい、よろこぶ」の意味もそこから生まれました。

【諭】 ［諭］ 

ユ
さとす・いさめる

「余」と「月」（盤のこと）に「言」を加えた字形。病気を治すように言葉でさとすこと

【輸】 ［輸］ 

ユ・シュ
いたす・おくる・つくす・まける

「余」と「月」（盤のこと）に「車」を加えた字形。針で除去した膿を盤に移すことから「移送」をあらわす

「諭」も、針で膿を除去する手術をして病気を治すことからきた漢字です。つまり、病気を治すように、人の誤りを言葉でさとして直すことを「諭」といい、「さとす、つげさとす、いさめる」の意味になるのです。

もう一つ「輸出」「輸入」の「輸」も、同じ系列の字です。取っ手のついた針で膿を除去して、膿を盤に移すことから、「移送」の意味が生まれました。

以上説明してきたように、取っ手のある細長い針（または小刀）である「余」を含む字形には、「余」を土地に刺して、地下に潜む邪霊を祓うという意味と、「余」を使って治療行為をするという意味があります。

このことを別な角度から見てみますと、一方は呪術的な性格を持つ針の機能として「余」が使われていて、もう一方では外科的手術という医療行為の機能として「余」が使われています。古代の呪術的な方法と医療的な方法との接

【捨】

[捨]

シャ
すてる・おく・ゆる
す

旧字は「余」と「口」(𠙵＝サイ)に「扌」を加えた字形。祝禱の祝詞を入れる器である「𠙵」に長い針を突き通している形。祈りの効力が捨て去られる意味

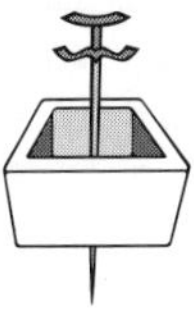

点が、「余」という文字にあらわされているのです。

呪術によって、邪悪なものが祓われ、心は和らぎますし、医療行為によって、膿や鬱血《うっけつ》が取り除かれることで、心が癒《いや》されるのです。

また古代中国が呪術的な世界だけでなく、動物の犠牲を多く祭祀《さいし》に使っていたために、解剖学的な知識や外科的な知識も持っていたのであろうことが、医療行為にも使われている「余」という漢字を通して知ることができるのです。

さて、もう一つ別な「余」の関連字を挙げましょう。

「捨」(捨、)が、その字です。旁の「舎」の下のほうの「口」は「くち」ではなくて、お祈りの祝詞《のりと》を入れる容器「𠙵」(サイ)のことです。

旁の上の部分「全」は「余」です。「捨」の旧字「捨」では、ちゃんと「余」となっています。この「余」がちゃんとした「余」なのです。つまり、「捨」の旧字「捨」は、

【害】［害］

ガイ
そこなう・わざわい

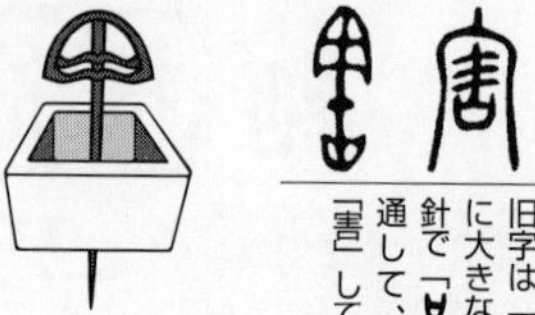

旧字は「余」よりもさらに大きな取っ手のついた針で「𠙵」（サイ）を突き通して、祈りの効力を「害」している形

祝詞を入れる「𠙵」（サイ）に長い針を突き通す形をしています。これによって、祈りの力は失われ、祈りの効果を捨てさせるという意味の字です。後にすべての「すてる」意味になりました。

旧字だとよくわかる例として、「害」（害、）という字についても、ここで少し触れておきたいと思います。

「害」の古代文字を見てもらうとわかりますが、これは「余」よりもさらに大きな取っ手のついた針で、祝詞の入った器である「口」（𠙵＝サイ）を、ぶすりと突き通している文字です。

針で「口」（𠙵＝サイ）を傷つけて、その効果を失わせて、その祈りの効果の実現をじゃまするのが「害」という字です。ですから「そこなう、わざわい」という意味も生まれてくるのです。

ここで、この害の旧字「害」を見てください。針の部分が、下にちゃんと突き抜けているのに、現在の常用漢字では、針の先が折られた形の「害」になっていて、下にある「口」（＝サイ）を傷つけることができなくなっています。

常用漢字によって、この害の字は「無害の字になった」と、白川静さんは字書『常用字解』の「害」の項に書いています。

この「捨」「害」のように旧字では、ちゃんと理解できることが、われわれが今使っている字形「捨」「害」では、その意味するところが、ちゃんと理解できないという場合がたくさんあります。これは、ほんとうに困ったことです。

そのような漢字について、「戦後の漢字改定の際、なんの理由もなく、字形を変更してしまい文字本来の意味をあらわせなくなっている」と、白川静さんは強い憤《いきどお》りを感じていたのです。

【辛】

シン
はり・つらい・からい・かのと

入れ墨や投げ針として使用する取っ手のある大きな針、または刀の形

【妾】

ショウ
はしため・めかけ・わらわ

入れ墨用の針「辛」と「女」を合わせた形。もともとは罪を受け、入れ墨をされた女性のこと

【辛】をめぐる漢字

この「辛」（）も、「余」と同じように、取っ手のある大きな針（または刀）の形の文字です。でもこれは主に入れ墨や、投げ針として使う針をあらわしています。訓読みでは「はり」のほかに「つらい、からい」などと読みますが、これは入れ墨をするときの痛みを「辛」といい、そこから「つらい、きびしい」の意味となったのです。その意味を味覚の上に移して「からい」の意味になりました。

この「辛」が入れ墨の意味に使われた文字はたくさんあります。まずは「妾」（）です。これは、入れ墨に使う針「辛」と「女」とで組み合わされた文字です。

もともと「妾」は、「罪」を受けて、額に入れ墨をされた女性のこと。罪は本来は、神に対するものであって、そ

【童】［童］

ドウ
しもべ・わらべ

「辛」と「目」と「東」と「土」でできた字形。罪を犯して、目の上に入れ墨の刑を受けた男性のこと

の贖罪《しょくざい》として、罪人はすべて神への奉仕者とされたのです。

「童」（）は、女性の罪人「妾」に対応する男性の罪人のことです。古代文字を見ると、やや複雑ですが、上から「辛」と「目」と「東」と「土」でできた文字です。罪を犯した男性は目の上に、辛で入れ墨の刑罰を受けたのです。

受刑者は、結髪を許されなかったので、同じように、髷《まげ》を結わない子供たちを「童」といったのです。それから、後に「童」を「わらべ」の意味にも使うようになりました。

もともと受刑者ゆえに「奴隷《どれい》、しもべ」ともされ、農奴の身分とされた人もありました。その労働歌が「童謡」です。ですから「童謡」は現代のような子供たちの歌というものではなく、そこには呪歌《じゅか》的な性格があり、恐れられたようです。

【章】

ショウ
あきらか・あや・しるし

入れ墨をする針「辛」の先の部分に「墨だまり」がある字形

「章」（）は、入れ墨をする針「辛」の先の部分に、墨だまりがある字形です。

現在の字形の真ん中の「日」の部分が、墨だまりです。これによって加えられた文身《ぶんしん》（入れ墨のこと）の美しさから、「章」は「あきらか、あや」の意味になりました。

入れ墨は「妾」や「童」などの刑罰のほかに、通過儀礼や社会生活上の身分を示す印としても用いられました。通過儀礼や社会生活上の身分を示す印としての文身の文化は、漢字の成り立ちを知る上でとても重要なことですので、別にまとめて説明したいと思います。

「言」（）は、現在の字形からは、少しわかりにくいですが、古い字形を見れば明らかなように、この字は「辛」と「口」（＝サイ）を組み合わせた形です。入れ墨をする際の針である「辛」を、神への祝詞《のりと》を入れた器である「口」（＝サイ）の上に置き、神へ誓う言葉のことです。

【言】

ゲン
いう・ことば

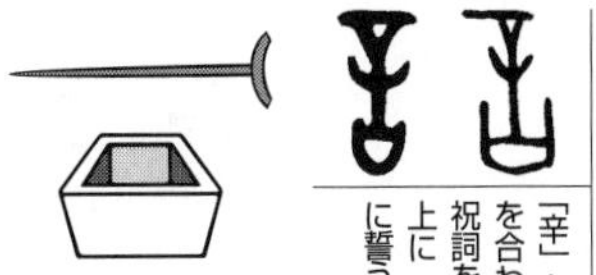

「辛」と「口」（𠙵＝サイ）を合わせた字形。神への祝詞を入れる器「𠙵」の上に「辛」を置いて、神に誓う言葉のこと

それが「信ずる」にあたらないときは、入れ墨の刑に服しますと誓うのです。

一般に「言語」といいますが、この「言」は攻撃的な言語であり、一方、「語」のほうは防御的な言語であったようです。軍事的な戦いの際には、実際の戦闘の前に口合戦が行われました。攻撃的な「言」の力や防御的な「語」の力が発揮されたのでしょう。

さて次は、「辛」を投げ針として使った文字の例です。「新」「薪」「親」などが、その例なのですが、これらの詳しい説明をする前に、「親」という字について、白川静さんから聞いた面白い話がありますので、そのことをまず紹介しましょう。

白川静さんが小学生のころ、そういっても、八十年以上前のことになりますが、「親」という字を、こんなふうに習ったそうです。

「おまえらは学校がひけたら家にも帰らず、ぱーっと遊

【新】

シン
あたらしい・はじめ

「辛」と「木」と「斤」でできた字形。位牌を作るため「辛」を投げ、刺さった「木」を選び、「斤」で切ること

びほうけてしまうだろう。子供が心配で木の上に立って、おまえらを見て捜している姿が『親』という字だ」と。

白川静さんは「これ一応、理屈におうとる」と笑ってらっしゃいましたが、でも「それでは似た字の『新』や『薪』の成り立ちが説明できんのです」とおっしゃいました。

この「親」という字と、それに似た「新」や「薪」という字を系統だって体系的に説明していくのが、文字学の世界なのです。思いつきで、一つの文字を説明することはできても、漢字の世界全体を体系的に説明するのは、非常に難しいことです。そのことに挑戦して、成し遂げたのが白川静さんなのです。

さて、その「親」の説明をするのに、まず「新」（）の字から入りましょう。

この字は、古代文字を見ると「辛」と「木」と「斤《おの》」でできた字です。親の位牌《いはい》を作るために、新しい木を選ぶのです。その際、「辛」を投げて、それが刺さった木を選ぶ

【薪】

シン
たきぎ・まき・しば
かり

位牌を作るために「辛」を投げて選んだ木を「斤」で切り出す「新」に「艹」を加えて、神事のために切り出した「しば」のこと

【親】

シン
おや・したしむ・みずから

「辛」と「木」と「見」でできた字。投げ針「辛」で新しく選ばれた「木」でできた位牌を見て拝む字形

儀礼のことです。

「辛」が刺さった木を「斤」で切るのが「新」です。そこから「あたらしい」という意味が生まれました。そのときに新しく神木として選ばれる木が「薪」です。新しく切り出した木を祭りのときの「しば」にも使うので「薪」になるのです。

さて、そして「親」（）です。

これは、「辛」と「木」と「見」でできた字です。つまり、新しい木でできた位牌をじっと見て拝む形です。新しい位牌は「父母」のものであることが多く、そこから「おや」の意味が生まれました。その位牌を拝む者たちは、親族であり、「したしむ」という意味も生まれたのです。

このように系統だった説明がなされて、初めて字説というのが成り立つのです。

さて、もう一つ「辛」を取っ手のある刀として使った例

【宰】

サイ
つかさどる・おさ・おさめる

「宀」に「辛」を加えた字形。この場合の「辛」は取っ手のついた曲刀で、犠牲の肉を切る包丁。「宀」は宗廟の建物。廟で犠牲の肉を宰割する長老のこと

を挙げておきましょう。

それは「宰」()です。「宰」は「宀《べん》」と「辛」でできています。「宀」は宗廟《そうびょう》の建物のことですが、この場合の「辛」は取っ手のついた曲刀で、犠牲の肉を切る包丁のことです。

廟中で犠牲の肉を宰割する者は家老などの職にあるものでした。祭事にあたって、そのような仕事にあたる人が宰相でした。「サイ、つかさどる、おさ、おさめる」などの読みがあるのはこのためです。

【文】［文］

ブン・モン
あや・もよう・かざり・ふみ

文身（入れ墨）の形をそのまま字形にしたもの。人の正面の胸部に「×」や「心」や「V」などの入れ墨をかき加えた形

【文】をめぐる漢字

一般に「文章」といわれる言葉のうち、「章」の字のほうは、入れ墨をする針「辛」の先の部分に、墨だまりがある字形であることを説明しましたが（【辛】をめぐる漢字を参照）、「文」のほうも入れ墨に関係した文字なのです。ここで紹介する【文】をめぐる漢字は、みな文身《ぶんしん》（入れ墨のこと）に関係しています。

まず、その「文」は、文身の形、そのままです。いくつか古代文字の形を挙げておきましたが、これらは人の正面形の胸部に「×」や「心」や「V」などの入れ墨をかき加えたものです。朱色などで一時的にかいたもので、死者の霊が死体から脱出するのを防いで、復活を願い、外部から邪霊がよりつくのを防ぐ意味合いがありました。

【爽】

ソウ
あきらか・さわやか・たがう

「大」と「㸚」でできた字。亡くなった婦人の左右の乳房に邪悪な霊がつかないように「㸚形」の文身（入れ墨）をあざやかな朱色でかいた形

このように、「文」とは文身の美しさをいう文字であり、「文章」とは、入れ墨にえがかれた色彩の美しさをいうのが、原義だったのです。このようなことをはっきり指摘したのも白川静さんです。

文身の方法には、朱や墨などで一時的に文様をかき加える絵身《かいしん》という方法。皮膚を針で刺して、墨などを皮下に注入する入れ墨。それにもう一つ、皮膚に切り傷などを加えて、その傷痕《きずあと》を文様化する瘢痕《ばんこん》という方法があり、文身の目的によって、それぞれの方法がとられています。

一般に絵身は誕生、成人式、結婚、また死亡など、社会階級や年齢階級などが、それまでとは別な階級に入るときに、儀礼的な目的をもって加えられることが多く、入れ墨は刑罰、瘢痕は身体装飾として、未開社会に多く見受けられます。

紹介したように、「文」は死体聖化のための絵身ですから、その色は朱であったと思われます。章は入れ墨のため

【産】［產］

サン
うむ・くらし

旧字は「文」と「厂」と「生」でできている。「文」は文身（入れ墨）、「厂」は額のこと。生まれた子供の額に一時的な文身をかく儀式のこと

の針「辛」に墨だまりがあるものですから、色は黒、または青であったろうと思われます。

そのようなことがわかったところで、「文」につながる漢字を次々に挙げていきましょう。

まず「爽」（爽）です。

この文字は「大」と「㸚《り》」でできています。古代文字を見ても現在の字形と同じ形ですが、これは亡《な》くなった婦人の左右の乳房に邪悪な霊がつかないように㸚《り》形《けい》の文身をあざやかな朱色でかいた形です。もともとの意味は「文身のあざやかなこと」です。

次は「産」です。これは旧字の「產」のほうを見てください。旧字は「文」と「厂《かん》」と「生」でできています。そして「文」は文身ですし、「厂」は額《ひたい》の形です。つまり生まれた子供の額に一時的に朱や墨で文身をかく儀式を「産」というのです。

生まれた子供に悪霊《あくりょう》が入り込まないように額に「×」な

【彥】［彦］

ゲン
ひこ

旧字は「文」と「厂」と「彡」でできている。「彡」は美しいことをあらわす記号的な文字。額に美しい文身をかいて、元服の儀式を終えた男子のこと

どの印をつけるのです。

日本でも子供が生まれたときに額に文字をかいたりする「アヤッコ」という儀礼がありました。アヤは「あやしげ」のアヤで、霊妙なるものという意味。これも生まれた子供に悪霊が入らないようにしたものです。

「産」が文身の関連字であることは、旧字では明らかですが、現在の字形の「産」では、文身の意味がわかりません。

その次の文字は「彦」です。これも旧字のほうを見てください。

旧字の「彥」は、「文」と「厂」と「彡」でできた文字です。「彡」は美しいことを示す記号的な文字です。男子が一定の年齢に達した儀式として、額に美しい文身をかいて、元服を行います。その儀式を終えた者が「彥」です。読みは「ゲン、ひこ」。これも現在の字形では、文身の意味がわかりません。

【顏】［顔］

ガン
ひたい・かお

旧字は「彥」に「頁」を加えた字形。「頁」は儀礼の際、拝礼している人を横から見た形。きれいな文身（入れ墨）をかいて、成人式をしている「かお」のこと

【凶】

キョウ
わるい・まがごと

「凵」に「×」を加えた形。「凵」は胸の形。死者の胸に「×」の文身をかいた字形

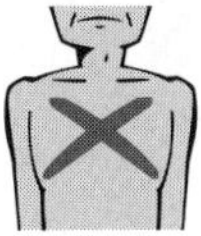

「顔」という字も旧字の「顏」のほうを見てください。「顏」は、「彥」に「頁」を加えた形になっています。「頁」は儀礼のときに、拝礼している人を横から見た形です。

つまり「顏」のもともとの意味は、一定の年齢に達した男子が美しい文身をして、厳かに成人式をしている「かお」のことです。

これも現在の字形では、文身の意味がわかりません。

次に「凶」（）について、説明しましょう。これは「凵《かん》」と「×」でできた文字。「凵」は胸の形です。つまり胸に×の文身模様を朱色などでかいた形の字です。

人が死んだときに、その胸に×の文身をかいて、悪霊が死体に入り込まないようにまじないをするのが「凶」です。

それは人が死んだときのことですから、凶事、縁起が悪いこととされたのです。それで「凶」は「わるい、まがご

【兇】

キョウ
わるもの・わるい・おそれる

「凶」と人の下体をあらわす「儿」とでできた字。「凶」を強調し、邪霊を持つ者を強調した字形

【胸】

キョウ
むね

「凶」と「勹」に「月」を加えた字形。「勹」は人の全身を横から見た形。それに身体の意味である「月」を加えて「むね」をあらわした。古代文字には「勹」がない

と」という意味になりました。

「兇」（）は「凶」と「儿《じん》」でできた字。「儿」は人を横から見た形、または人の下体を示す字形で、「儿」の上にあるものを強調します（【人】をめぐる漢字を参照）。

胸に「×」の文身を加え、邪霊を封ずる意味を持つのが「凶」ですが、そのような呪霊《じゅれい》を持つ者を強調した文字が「兇」です。それゆえ、読みには「わるもの、わるい、おそれる」などがあるのです。

「×」がかかれる身体的部位である「胸」（）という文字の中にも「凶」の字がありますね。

「胸」の旁《つくり》は「凶」と「勹《ほう》」でできています。「勹」は、人の全身を横から見た形を示す字形です。「凶」に「勹」を加えた「匈《きょう》」の字が、「胸」の元の字です。

「凶」の字が、「凵」（むね）にかいた「×」の呪禁の印であるため、「凶」の文字の中に「凶事」の意味のほかに、そのかかれる身体的部位として「むね」の意味があるので

【恟】

キョウ
おそれる

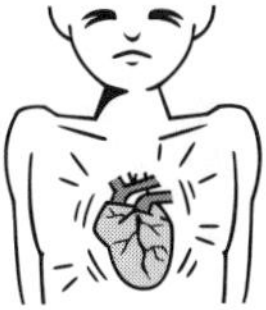

「凶」と「勹」に「忄」を加えた字形で、びくびくするという意味の字

す。

その「凶」に、人の全身を横から見た形「勹」を加え、さらに身体の部分を示す意味の「月」（にくづき）を加えて「胸」の字となったのです。

「凶」の系列字はすべて凶事のイメージをおびていて、日本でも「胸さわぎ」などは、凶事に関係することが多いのです。

もう一つ、例を挙げましょう。

「恟《きょう》」（）という字です。

「胸」の元の字である「匈」に、「忄」をつけたものですが、「おそれる、びくびくする」という意味の漢字です。おそれ、びくびくするときには胸に動悸《どうき》を覚えるもので、そのことを「恟」というのです。やはりこれも「凶事」（わるいこと）のイメージを持っている文字といえるでしょう。

【目】

モク
め・みる・めくばせする・かなめ

目の形。縦長の字形も横長の字形も目を意味する

【目】をめぐる漢字

　現在の字形である縦長の「目」が含まれた「見」「相」「眉」「省」「直」などの字も、もちろん【目】をめぐる漢字ですが、横長の「目」が含まれている「徳」「蔑」「夢」「懐」「環」なども、実は【目】をめぐる漢字なのです。

　まず「目」（）の古代文字を見てください。これは横長の形にかかれています。でも考えてみれば、これは当たり前のことですね。われわれの「目」がもともと横長についているのですから、象形文字である漢字が、横長の「目」の字形を持っているのは当然のこと。それが、現在の字形では縦長になっているのです。

　この「目」という器官は、われわれが外界と接する第一の器官であり、見ることは、見る対象に対しての最初の行為です。それゆえに「目」の関連字には、見る対象に対し

【見】

ケン・ゲン
みる・あらわれる

「目」に「儿」を加えた形。人を横から見た形「儿」の上に「目」をのせて、目による行為を強調

【相】

ソウ・ショウ
みる・たすける・かたち・あい

「木」を「目」で見る形

ての精神的な交渉の意味が含まれています。これは縦長の「目」も、横長の「目」も同じです。そのことをまず頭に入れて、【目】をめぐる漢字について理解を進めてください。

さて【目】をめぐる漢字の最初は「見」です。

これは、前にも説明しましたが、「目」と「儿《じん》」でできた文字です。【人】をめぐる漢字で紹介しましたが、「儿」の上に特徴的な字形をのせて、その意味を強調するのは、漢字に特徴的な造字法で、この「見」は「儿」に「目」をのせて、「みる」行為を強調しています。

次は「相」（）です。「木」を「目」で見る形の字形です。「目」で見ることは、見る対象に対しての精神的な交渉が含意されているという点では、この「相」の字はまさにそうです。樹木の盛んな生命力が、それを見る者の生命力を助けて盛んにするという字です。それゆえ、「たすける」という意味もあります。樹木の生命力と人の生命力の

【看】

カン
みる

「目」の上に手をかざして、遠くを見る、しげしげと見る形

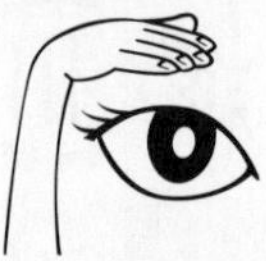

【眉】

ビ
まゆ

「眉」の上に呪術的な意味でつけられた眉飾りの形。また、それをつけた眉のこと

間に相互関係が生まれるので、「たがいに、あい」の意味になるのです。

「看」は、古代文字を見ると、「手」と「目」を合わせた形です。目の上に手をかざしてものを「みる」のが「看」の字の意味です。

「看」は手をかざして遠くを見る、またはしげしげと見ることの意味です。

ですから、対象をよく見て、見抜き、ほんとうのところを知るのを「看取」といいます。見尽くし、真相などを見抜くことを「看破」するといいます。

さて次は「眉」（）です。この「眉」は、これに続く一連の漢字「省」「直」「徳」「媚」「蔑」「夢」「甍」などに関連したとても重要な文字です。

「眉」の字形は、古代文字を見ればわかりますが、目の上の「まゆ」の形です。単なる「まゆげ」ではなくて、字

【省】

セイ・ショウ
みる・かえりみる・さとる・はぶく

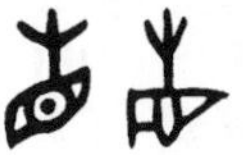

「目」に「少」を加えた形。「少」の部分は呪力を増すためにつけた眉飾り。眉飾りをつけた目で巡察すること

の上部は呪術《じゅじゅつ》的な目的で加えられた眉飾《まゆかざ》りの形です。「眉」のもともとの意味は、このように呪術的な力を加えるために眉飾りをつけた「まゆ」のことです。「眉」の古代文字をよく見て、このことをまず覚えてください。

「省」（）は、現在の字形では「目」と、その上の「少」とでできた漢字です。「少」の部分は現在の字形からはわかりにくいですが、古代文字では目の上についた飾りのような形をしています。つまり、この「少」の部分は、呪力を増すために眉につけた飾りのことです。

呪力を増すために眉飾りをつけた目で地方を巡察して、取り締まり見回ることが「省」です。自分の行為を見回ることから「かえりみる、みる」の意味になり、見回った後に、取り除くべきものを取り去るので「はぶく」の意味にもなりました。

【直】

チョク・チ
あう・あたる・ただしい・なおい・ただちに・ただ

「省」に「乚」を加えた形。「乚」は塀を立てる意味。「省」に塀を加えて、密かに巡察し、不正をただすこと

【徳】「德」

トク
ただしい・とく・めぐむ

「十」に横長の「目」を加えた形は、「十」に縦長の「目」を加えた「直」の

「直」（）は、「省」に「乚《いん》」を加えた文字です。「乚」は塀を立てる意味。眉飾りをつけて地方を巡察して、取り締まるのが「省」で、それに塀を立てる意味の「乚」を加えて、「直」は密《ひそ》かに調べて不正をただすことをあらわす文字になりました。

「徳」（）の「彳」は十字路の左半分をあらわしていて、「行く」ことを意味しています（【足】をめぐる漢字を参照）。「徳」の「彳」と「心」を除いた「

」の部分は、「直」の「」の部分と古代文字では、ほぼ同形になっています。

つまり「徳」とは、眉飾りをつけた呪力のある目で各地を巡察する行為のことです。

その呪力は、そういう行為をなす人の内面的な力に発し
ていることが自覚されて、「徳」の考えが生まれました。

「し」以外の部分と同じで「省」のこと。それに行くことを意味する「彳」と「心」を加えた字形。眉飾りをつけて巡察する人の中にある内面的な力

【媚】

ビ
こびる・よろこぶ・いつくしむ

眉飾りをつけた巫女のこと

このほかにも眉飾りをつけた「目」の関連字で重要な文字がたくさんあります。

その最初に紹介しなくてはいけない字が「媚」（）という文字です。「媚」は眉飾りをつけた巫女《みこ》のことです。戦争のときには、この眉飾りをつけた媚女《びじょ》を軍の先頭に何千人も並べて、敵に呪的な攻撃を加えました。巨大な睨《にら》めっこと考えればいいと思いますが、古代中国では、本格的な戦闘を開始する前に、このような眉飾りをつけた目で、相手を睨みつけ、目の呪力で念じ倒すことをやったり、言葉で言い合う口合戦があったようです（【辛】をめぐる漢字の「言」についてを参照）。それから武器を使った戦闘を行ったのです。

媚女は美しき魔女であり、そこから「こびる」の意味も生まれました。

【蔑】

ベツ
あらわす・ないがしろにする・さげすむ・ない

眉飾りをつけた巫女に伐を加えて、その媚女たちを殺してしまう字形

【夢】［夢］

ム・ボウ
ゆめ・ゆめみる・くらい

眉飾りをつけた巫女（媚女）が、その霊力によって、夜の睡眠中に現れるという字形

　その「媚」と関連した文字が、「蔑」（）です。戦争が終わると、敗れた側の媚女は、その魔術的な力を失わせるために、最初にすべて殺されてしまうのです。その媚女を殺してしまう行為が「蔑」という字です。ですから古代文字を見ると、眉飾りをつけた「媚女」に「戈《ほこ》」を加えた形になっています。より詳しくいうと、「蔑」は「𥄕」と「伐」でできた字形で、「伐」は「戈」を使って「人」の首を斬《き》る形です。

　それゆえに「蔑」を「ない」とも読み、相手を「さげすむ、ないがしろにする」態度から軽蔑、侮蔑、蔑視などの言葉も生まれたのです。

　「蔑」の上の部分「𥄕」が共通した文字がいくつかありますが、これらは「媚女」に関連した文字です。すぐ思いつくのが「夢」（）でしょう。

　「夢」の「𥄕」の部分は、眉飾りをつけた巫女（媚女）

【薨】

コウ
しぬ・みまかる

高貴な人が媚女の夢の力によって、死んでしまうという字形

のこと。下の「夕」は夜の意味です。呪術を行う巫女が操作する霊の作用によって、夕（夜）の睡眠中に現れるのが「夢」だと考えられていたのです。

もう一つ「𦭝」のついた文字を挙げましょう。それは「薨」（）です。「薨」は高貴な人が死ぬこと。読み方は「コウ」。そして、この「薨」とは夢魔によって死ぬことなのです。高貴な人には、夢魔の危険が多かったのでしょう。

漢字には神と軍事に関する文字が多いのですが、そのほか呪術に関する文字が多いのも特徴的です。「眉」に関連する文字のほとんどがその意味を含んでいるといえるでしょう。

さて、最後に眉飾りをつけた目ではない「目」の関連字のいくつかを紹介しましょう。

【懐】［懷］

カイ
おもう・いだく・なつかしむ・なつく

横長の「目」から「衣」の上に涙がぽたぽたと落ちている字形

【環】［環］

カン
たま・たまき

旁は、死者の衣の襟元に、死者に霊力を加える玉を置き、さらに生命の象徴たる「目」（横長形）を加えている字形

まずは「懐」（懷、）です。「懐」は、旧字の旁《つくり》の部分「褱」を見てください。その中に「眔《とう》」という部分があります。これは「目」から涙が垂れているのをそのまま形にしたものです。古代文字は「」となっています。でも現在の字形では、この垂れている「涙」の部分がわかりません。そして旁の「眔」を除いた部分、つまり「眔」の上下に分かれている部分は「衣」です。

つまり、この「懐」は、死者の衣の襟元《えりもと》に涙を垂れて、哀惜すること。そこから「おもう、なつかしむ」の意味になりました。

「環」（）の旧字の旁「睘」は死者の襟元に、死者の霊に力を添える玉（今の字では□の形）を置いて、上に生命の象徴としての目をかいている字形で、これは死者が生き返ることを願う儀礼です。

このときに使う玉を「環」といいます。それゆえに「た

ま、たまき」の意味となり、円形なので「めぐる」の意味となったのです。

これに関連した字では「還」があります。前述したように「睘」の部分は、死者の復活を願う儀礼で生き「かえり」を祈る意味です。それに「歩く」意味の「辶」がついて、往還の「かえる」意味になったのです。

【還】

カン・セン・ゲン
かえる・めぐる

［還］

玉を置き、目をかいて死者の復活を願うのが旁の部分。それに「歩く」意味の「辶」を加えた字形

【臣】

シン
つかえる・おみ

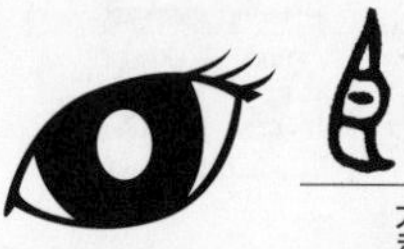

大きな瞳の形

【臣】をめぐる漢字

【目】をめぐる漢字を紹介した後には、どうしても、この【臣】をめぐる漢字について触れなくてはなりません。

現在の字形からすると「臣」と「目」は、少し異なる形をしていますが、古代文字を見てもらえば分かるように、「臣」の古代文字「」は、横長の「目」の古代文字「」を立てたような形なのです。

これは大きな瞳《ひとみ》を示しています。つまり「臣」も目に関係した文字です。

古代中国では神に仕える人は、瞳をわざと傷つけて視力を失った者がいました。そうやって神に仕えるのが「おみ、けらい」でした。

この「臣」を含んだ文字はたくさんありますが、そのうちのいくつかを紹介したいと思います。

【賢】

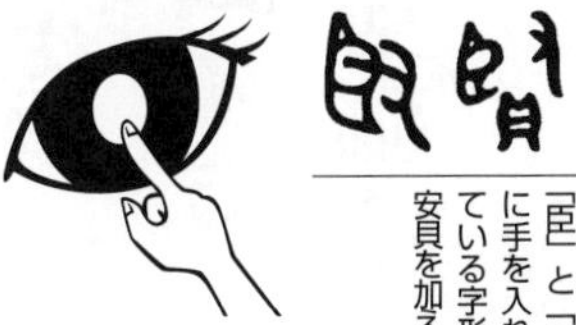

ケン
かしこい・まさる

「臣」と「又」は大きな瞳に手を入れて瞳を傷つけている字形。その下に子安貝を加えている

まず「賢」（）の説明をしましょう。

この「賢」の字の上の部分の「臤《けん》」（古代文字は「」）は、まさに「臣」（大きな瞳）に「又《ゆう》」（手の形）を入れて、瞳を手で傷つけている形なのです。手で瞳を傷つける方法で視力を失った者が「臣」です。そういう「臣」が神に仕えたのです。「臣」の中には、優れた才能を持った人たちがいて、その人が「臤」で「賢」の元の字です。

下の「貝」は、子安貝です。漢字が誕生した中国の殷《いん》では、この子安貝をたいへん大切にしていました。それは日本でも同じで、子安貝は日本最古の物語である竹取物語にも出てきます。

その貴重な子安貝を「臤」の下に加えて、「賢」は「かしこい、まさる」の意味となったのです。

【監】

カン
かがみ・みる

「臥」と「皿」とでできている。「臥」は人が下方を見る形。水を入れた水盤「皿」に自分の姿を映し見る字形

【鑑】

カン
かがみ・みる・いましめ

青銅製などの鑑鏡ができるようになり、「監」に「金」が加えられた

次は「監」（）です。

これは「臥《が》」と「皿」を組み合わせた字形。古代文字を見てもらうとわかりやすいですが、「臥」は人がうつむいて下方を見る形です。「皿」のほうは盤で、水を入れた水盤のことです。つまり「監」は水盤に自分の姿を映している姿なのです。水鏡のことですので、「かがみ」の意味にもなり、「みる」意味にもなりました。

また水鏡に映して自らの姿を反省するので、「かんがみる」の意味にも使うのです。

「鑑」（）の元の字は、前述した「監」です。「監」は、水を入れた水盤にうつむいて自分の姿を映している形で、水鏡のことをいい、「かがみ、みる」という意味があります。鑑鏡が青銅や銅、鉄などで作られるようになり、「金」偏がつけられて、「鑑」の字ができました。

【民】

ミン
たみ・ひと

瞳を突き刺して視力を失わせる字形

【眠】

ミン・メン
ねむる・いこう

「目」と「民」でできた字形。瞳を突き刺して視力を失った人の目は眠っているように見えるのでできた

「臣」に関する文字からは外れますが、関連して知っておくといい文字を、ここで二つ挙げておきます。それは「民」と「眠」です。

「民」の古代文字「」を見ると、目を刺している形をしています。瞳を突き刺して視力を失わせることをいう文字です。そのようにして視力を失った人を「民」といい、神への奉仕者とされたのです。「臣」も視力を失った神への奉仕者ですが、合わせて臣民といいます。このように「民」は神に仕える者の意味でしたが、後に「たみ、ひと」の意味となりました。

「眠」は「目」と「民」でできています。説明したように、「民」は瞳を突き刺されて視力を失った人のことです。その視力を失った人の目は、眠っている状態のように見えるので「ねむる、ねむい」という意味になったのです。

さて【目】をめぐる漢字、【臣】をめぐる漢字について、

【望】

ボウ
のぞむ・ねがう

【望】 

〔朢〕 

つま先立って遠くを望み見る人をあらわした字形

続けて紹介してきましたが、ここで古代中国であった「望」の文化について、説明しておきましょう。

まず「望」（朢＝異体字、）の古代文字を見てください。例に挙げてあるのは、甲骨文字の字形ですが、これは、つま先で立つ人を横から見た形（壬《てい》＝古代文字は「」）の上に「臣」をかいた形です。この「臣」は、上方を見ている目の形で、大きな瞳の意味です。

つまり、つま先立って遠くを望み見る人の字形です。

つま先立って、大きな瞳で遠方を望み見ることは、目の呪力《じゅりょく》によって、敵を押さえつけ、服従させる呪的な行為でした。

日本でいう「国見」と同じような、この「望」という呪力をもって遠くを望み見る国家儀礼が古代中国であったのです。

中国の古い青銅器は、異族の領地に近い辺境の小高い斜面に埋められている場合が多いのです。青銅器には呪的な力がこめられていて、高い所に埋められた青銅器から発する呪力によって、敵を威嚇《いかく》していたのです。

そのような異族と接する小高い場所も「望」に適した場所でした。日本でもたくさんの銅鐸《どうたく》が山の斜面に埋められていますが、同じような文化があったのだろうと白川静さんは考えていました。

また古代中国では、王が軍事行動を起こすとき、「望乗」を伴っていくかどうかを卜《ぼく》している甲骨文が多くあります。「望乗」というのは氏族名で、この氏族は「目」の呪力によって、敵情を知り、敵を服従させることを職務としていたようです。

【犬】

ケン
いぬ

犬の姿をかいた字形

【伏】

フク
ふせる・ふす・かくす

「人」と「犬」でできた字形。王墓を守るために埋められた武人と犬をあらわしている

【犬】をめぐる漢字

「犬」の古代文字「」は、犬の姿をかいたものです。この犬は、神への「いけにえ」として特に貴いものとされていました。ですから「犬」が出てくる漢字には「いけにえ」に関連した字がたくさんあります。

まず「伏」（）です。

これは現代の字形でも明らかなように、「人」と「犬」を合わせた形です。殷《いん》・周の時代の古い王墓には、墓を守るために、武人とともに地中の悪霊《あくりょう》を祓《はら》う目的で犬が埋められました。これが「伏」の元の意味です。土に埋めることから、「かくす、ふせる、ふす」の意味が生まれたのです。

二十世紀に行われた殷王朝の遺跡の発掘調査でも、地中

【然】

ゼン・ネン
もえる・しかり・しかれども

「月」（肉）と「犬」と「灬」（火）でできた字形。犬の肉を火で焼いているところ

深く掘られた陵墓の中央に玄室があって、みごとな青銅器などの副葬品がありましたが、柩《ひつぎ》が安置されていた場所の下には、正装した武人と一匹の犬が埋められていたそうです。

　また別の墓では玄室の四面四隅に八個の坑があって、そこにも武人と犬が埋められていたのです。小さな墓では、犬だけが埋められていたようです。

　白川静さんの考えでは、この犬はいわゆる「犠牲」として埋められたのではなく、まじないをして悪いものを祓う呪禁《じゅごん》のためのものだといいます。つまり地中からしのびよる悪い蟲《むし》を防ぐために嗅覚《きゅうかく》の鋭い犬を地中に埋めて守らせたようです。

　次に「犬」の関連字では、最も印象的な「然」という字について説明しましょう。

　最初に紹介しましたように、「犬」は神へのいけにえと

【燃】

ネン
もえる・やく

「犬」の肉（月）を火（灬）で焼く「然」が「しかり」などの意味に使われるようになり、さらに「火」を加えて「燃」ができた

して、とても貴重なものでした。天上の神は、この犬の肉を焼いたにおいをたいへん好むと考えられていたのです。それを示す文字が、この「然」です。

「然」という文字は「月」と「犬」と「灬（火）」でできています。「月」は「肉」のことで、犬の肉を火で焼いている字形です。つまり犬の肉を焼いて、そのにおいを神にとどける行為をあらわした文字で、肉が燃えるので「もえる」の意味になりました。だから「然」は、「燃」の元の字です。

そして「然」が、その音から、「しかり、しかれども」などの意味に用いられるようになったので、さらに「火」が加えられて、「燃」の字が作られたのです。こういう説明を知ると、「然」や「燃」の字形の意味が忘れがたくなりますよね。

さて、次は、もともとは「犬」の字形だったものが常用

【臭】〔臭〕

シュウ・キュウ
におい・におう・くさい

旧字は「自」と「犬」でできている。「自」は正面から見た鼻の形で、犬の鼻のこと

【嗅】〔齅〕

キュウ
かぐ

正字は「齅」で「鼻」と「臭」を合わせた字形。古代文字も「齅」の形。「嗅」はその略字

漢字で「大」の字に改められて、漢字の体系性を失ってしまい、その意味がわからなくなってしまった漢字をいくつか紹介したいと思います。つまり次に挙げる漢字は、旧字の中に「犬」が含まれていますが、現在の字形では「大」になっている字です。これらの字は「犬」である旧字で考えると非常にわかりやすい文字です。

まず、「臭」（臭）です。旧字は自と犬を組み合わせた形です。この「自」は正面から見た鼻の形です。犬は動物の中でも特に嗅覚が鋭いので、犬の鼻の意味で「におう、におい」の意味となり、「くさい」の意味にもなりました。「犬」が「大」になった常用漢字の字形では、これらの意味が理解できません。「大」は人間を正面から見た字形なのですから。

「嗅」の字では「犬」の字形が残り、「臭」では「大」となりました。まことに変な状態ですが、「犬」であることが重要な意味を持っていることをわからないまま、「犬」

【戻】［戾］

レイ
もとる・もどる・つみ・いたる

旧字は「戸」と「犬」とでできている。家の出入り口に、いけにえの犬を埋めた形

を「大」にしてしまったのです。

次に「戻」（戾、）です。旧字は戸と犬を合わせた形です。家の出入り口に、いけにえの犬を埋めて、地中の悪霊を祓うことです。悪霊が退散するので、「もどる」の意味になります。これも戸の中が「大」になっている常用漢字の字形では意味が理解できません。

さらに「器」（器、）も、同様に「犬」が「大」になってしまった漢字の一つです。これは古代文字を見るとわかりやすいですが、祝詞《のりと》を入れる箱である「」（サイ）を四つ並べて、その中央に犬を置いた形で、旧字も同様の字形を残しています。

「犬」は清めのためのいけにえです。器とは儀礼のときに使用される、清められた「うつわ」が元の意味です。そこから器材、器械、また人の能力の意味などに使われるよ

【器】

キ
うつわ

[器]

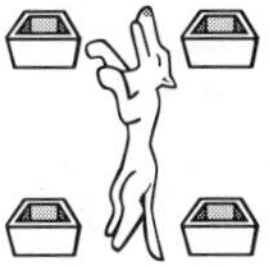

旧字は四つの「口」の中央に清めのための「犬」を置いた字形。「口」は祝詞を入れる箱「ㅂ」(サイ)のこと

うになったのです。これも現在の常用漢字の字形では意味がわかりません。

　このように、旧字を現在の字形に改めたときに、古い字形を理解しないまま変更してしまった漢字が多く、これらの文字は文字構成上の意味を失ってしまいました。この本の中で一貫して述べてきたように漢字は非常に体系的に出来上がっている文字です。それを戦後の漢字改革の際、漢字の体系性への無知ゆえに、多くの漢字が根拠なく字形を変えられてしまいました。白川静さんは、このような漢字は元の字形に改めるべきだと主張してきたのです。もともと、この「犬」にある「、」は、犬の「耳」の意味で、この「、」をつけることで、「犬」と、人の正面形をあらわす「大」を区別したものです。「犬」から「、」を取ってしまい、犬も人も同じにしてしまったのが、戦後の漢字改革なのです。

　さらにいくつか「犬」に関係する漢字を挙げておきまし

ょう。

まず「祓」です。この「祓」の旁《つくり》の部分の「犮」は、古代文字でも同じですが、「犬」の字に「ノ」を加えた字形で、「犬」を犠牲として殺す形、また犠牲として殺された「犬」の形です。「抜」（拔）もそうですが、「犮」は「友」とはまったく異なる字です。犬を犠牲にして、邪悪なものを祓うという意味です。

次に「突」（突、）です。これも「犬」が「大」になってしまったため、説明ができなくなってしまった字です。旧字を見れば明らかですが、この字は「穴」と「犬」でできています。

これは竈《かまど》用の穴を、犬の犠牲でもって祓う意味の文字です。

竈は火を使う所であり、竈神《そうしん》を祭り、非常に神聖な場所でした。犬の犠牲で邪悪なものを祓ったのでしょう。「突」

【祓】

フツ
はらう・きよめる・のぞく

旁は「犬」の字に「ノ」を加えた字形。犠牲として殺された「犬」のこと。それに神卓をあらわす「示」を加えている

【突】［突］

トツ
つく・にわか

旧字は「穴」と「犬」でできている。これは竈用の穴を、犬を犠牲にして祓うこと

は竈の煙抜きのある所で、突出している所ゆえに、突起などの意味となり、突進、突撃など勢いのよい意味ともなりました。

【獄】

ゴク
ひとや・うったえる

古代文字は「言」の左右に「犬」を加えた字形。「言」は神への誓約をあらわす文字。二つの「犬」は裁判時に双方から出された犠牲の犬

あといくつか、「犬」に関連した文字を紹介しましょう。

「獄」（）は、古代文字を見ていただくとわかりますが、二つの犬の間に「言」を入れた形、つまり「言」の左右に「犬」を加えた字形です。

「言」は前にも説明しましたが（【辛】をめぐる漢字を参照）、誓約に偽りがあるときは、入れ墨の刑を受けますと神に誓う字です。二つの犬は、裁判のときに、双方から提出される犠牲の犬です。「獄」はもともと犬の犠牲を当事者双方が提出して始まる訴訟のことでしたが、裁判に負けて有罪となった者を収容する獄舎、牢屋《ろうや》の意味になりました。

【献】［獻］

ケン・コン
たてまつる・ささげる

旧字の偏の部分の「鬲」は三本脚の蒸し器。犬を犠牲にして鬲（鼎）を清める儀式のこと

【黙】［默］

モク・ボク
だまる・もだす・しずか

「犬」を犠牲にし、喪に服する字形

「献」（獻）の旧字の偏の部分の「鬲」（レキ、かなえ）は三本脚の蒸し器です。「献」は、この鬲（鼎《かなえ》）を祭器として使用するために、犬を犠牲にして清める儀式のことです。

犬の犠牲で清められた鬲（鼎）は神に捧《ささ》げるものを入れる祭器ゆえに「たてまつる、ささげる」などの意味となったのです。

「黙」の「犬」も犠牲の犬です。犬を犠牲にし、喪に服すること。喪に服している間、黙して言わず、ものを言うことはタブーとされたことからの字形です。

「状」も犬の犠牲に関する文字です。城壁などの築造法に版築《はんちく》という工法があります。板と板との間に土を入れて、杵《きね》でつき固める工法で、それに使用する板の形が「爿《しょう》」です。旧字「狀」は版築で城壁などを造る際に犬を犠牲にし

【状】

［狀］

ジョウ
ようす・さま

版築工法で城壁などを造る際に犬を犠牲にした字形

【就】

シュウ・ジュ
なる・つく・おわる

大きな城門「京」と死んでいる犬「尤」とでできた字形。城門の落成式の際、犠牲の犬の血を振りかけて清めること

た字形です。工事の進捗《しんちょく》状況の意味から、ものや人の形状などをあらわす意味になりました。

「就」も同様の意味の文字です。この字は「京」と「尤」でできています。「京」は出入り口がアーチ形をした都の城門の形です。古代文字では（）という形で、上に望楼がある大きな城門です。「尤」は死んでいる犬の形。城門の落成式の際、犠牲の犬の血を振りかけて清めることを「就」というのです。これで城門の築造が成就《じょうじゅ》するので、「なる」の意味となり、成就することによって、ことが始まるので「つく」（地位や状態に身を置くこと）の意味となりました。

【矢】

シ・や・ちかう・つらねる

「矢」の形をそのまま字形に

【矢】をめぐる漢字

「矢」は古代中国で非常に神聖なものでした。土地、場所を清めるために矢を放つ矢通しが行われたのです。日本でも矢通しが行われ、京都の三十三間堂もその名残です。矢を放てない場合は矢を放ったしぐさとして弓の弦《つる》を鳴らしました。雄略天皇の時代に、この鳴弦《めいげん》の術で邪気を祓《はら》い、敵を討ったと『日本書紀』に書いてあります。

その鳴弦は今も日本の宮中儀式に残っていて、二〇〇一年に愛子さまが生まれたときにも行われました。一般のお七夜にあたる日に行われた「浴湯《よくとう》の儀」の中で鳴弦がありました。この日、女官に抱かれた愛子さまが浴殿に入ると、外へ並んだ装束姿の者のうち、読書《とくしょ》の役が『日本書紀』の一節を読み上げ、鳴弦の役が掛け声とともに矢のない弓の弦を引き放つのです。悪魔を祓い、健やかな成長への願いがこめられた儀式で、「読書鳴弦《とくしょめいげん》」と呼ばれています。

ほかにも、われわれになじみ深い「矢」と「弓」に関係した魔よけの風習を記しておきますと、大相撲の弓取り式は、土俵を祓い清める意味がありますし、お正月に飾られる破魔弓や破魔矢にも同じような意味があります。

さて、その「矢」（↑）の古代文字は、矢の形をそのまま字形にしたものです。古代中国では、大切な建物を建てるときには矢を放って、土地選びをしました。また誓約のしるしとしても矢を用いたので、「ちかう」とも読みます。矢を折ることは誓うときのしぐさでした。「誓」の文字の中に「折」が入っているのも、このためです。

毛利《もうり》元就《もとなり》が三人の子供に、矢を三本束ねれば折れないことで、子供たちの団結を示したという三本の矢の逸話があります。これは三本束ねれば矢が折れにくいという意味ですが、漢字学から見ると、矢をもって団結を誓わせるという行為に、「矢」と「誓約」の関係性を指摘することがで

【知】

チ
しる・さとる・つかさどる

矢を折るしぐさで神に誓うのが「矢」の字義。それに神への祝詞を入れる器「口」（𠙵）を加えた字形。神に祈り、誓うことをあらわす

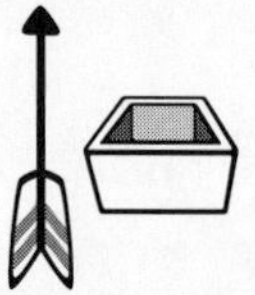

【族】

ゾク
やから・ともがら・あつまる

「㫃」と「矢」でできている。「㫃」は吹き流しをつけた旗竿で、氏族の象徴。その旗の下で矢を折るしぐさをしている字形

きます。

「知」は、矢と口（𠙵＝サイ）を合わせた形です。「𠙵」は神への祈りである祝詞《のりと》を入れる器のこと。矢を折るしぐさで神に誓うのが矢の意味です。つまり神に祈り、誓うことを「知」といいます。神に誓って初めて「明らかに知る」ことができたし、神の前で明らかに知ることが「しる」ということの本質だったのです。

「族」という字も、誓約の「矢」と関係した文字です。古代文字を見たほうがわかりやすいでしょうが、この「族」は、「㫃《えん》」と「矢」を合わせた形です。「㫃」は吹き流しをつけた旗竿《はたざお》で、氏族の象徴として持ち歩いた旗のことです。その氏族旗の下で矢を折るしぐさをして、同じ氏族としての誓約をしている姿を示す漢字です。氏族としての誓約に参加するので「やから、あつまる」の意味があり

ます。

「矢」は重要な建物などを建てる土地を選ぶときにはこれを放って、その到達した地点に決める土地選びにも使われました。この土地選びの「矢」の例を以下、紹介しましょう。

【至】

シ
いたる・はなはだ

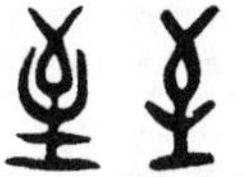

「矢」の逆さまの形と「一」（大地）とでできた文字。放った矢が土地に到達した形

この土地選びの儀礼を理解するのに重要な文字が「至」です。「至」の古代文字を見てください。「矢」の逆さまの形と「一」とを合わせた形をしています。これは放った矢が地面に到達している形なのです。「一」は矢が到達した土地を示しています。「至」は、重要な建物を建てる際の土地選びのために矢を放ち、その到達地点を示すので「いたる」と読むのです。
この「至」に関連した文字をいくつか挙げておきましょう。

【屋】

オク
いえ

「尸」は屍。本葬前に遺体を安置する建物を建てるとき、矢を放って占った

【室】

シツ
へや・いえ

「宀」は先祖を祭る廟。廟を建てる際、矢を放って土地選びをした

まず「屋」です。「尸《し》」と「至」を合わせた形の文字です。「尸」は屍《しかばね》のこと（【人】をめぐる漢字を参照）。つまり「屋」とは、人が亡《な》くなった際、本葬の前にしばらく遺体を棺に納めて安置する建物のことです。その建物の場所は神聖な矢を放って占い、その矢の落ちた土地が選ばれたのです。

次に「室」です。「宀《べん》」は先祖を祭る廟《みたまや》の屋根の形です。この廟を建てるときに、やはり矢を放って土地選びをしたのです。ですから「室」は、もともとは祖先を祭る「へや」の意味でした。

「台」の旧字の「臺」は、「高」の省略形と「至」を合わせた形です。

もともとは、矢を放って選ばれた土地に建てられた高い建物の意味です。うてな（見晴らしのいい高い建物）のことです。ものを置く台の意味にも使います。

【台】［臺］

ダイ・タイ
うてな・だい

旧字は「高」の省略形と「至」とでできた形。矢を放って選ばれた土地に建てられた高い建物がもともとの意味

なお「台」という字は「臺」の新字としての字形だけでなく、古くから「イ、タイ、ダイ、もちいる、われ」の読みで、別の字としてあったので、「臺」の新字の「台」と、もともとの「台」を区別して考えなくてはなりません。

「矢」の関連字を紹介する欄の最後に、ちょっと面白い漢字を紹介しましょう。それは「到」という文字です。「到」の古代文字を見ると「至」と「人」を合わせた字形になっています。ところが現在の字形では、旁《つくり》の「人」が「刂」（りっとう）になっています。字義は放った矢の到達点に人が「いたる」という意味ですから、字形としては「至」に「人」の形のほうが適しています。

この「到」の字について、白川静さんに教えていただいたとき、「人」と「刂」が似ている字形なので、たぶん昔の中国人が間違ってしまい、以後、間違いに気づかないまま現在の字形となってしまったのだろうと指摘。「漢字を

【到】

トウ
いたる・つく・およぶ

古代文字では「至」と「人」を合わせた字形。もともとは放った矢の到達点に人が「いたる」こと

間違うのは、何も今の日本人ばかりじゃないの。昔の中国人でも間違うの」と言って、白川静さんは笑っていました。

【其】

キ
み・その

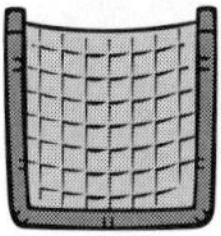

「箕」の形の下に物置き台の「丌」が加えられた字形

【其】をめぐる漢字

「其」の関連する一連の字について、ここでまとめて紹介したいのは、この「其」を含む字は、その多くが四角形という特徴を持っているからです。

それを知ると目からうろこのように「其」を含んだ文字のつながりが、明瞭《めいりよう》にわかるのです。このような各文字のつながりを理解することが、漢字全体の体系性を理解することにもつながるのです。

「其」は殻などをふるう道具である「箕《み》」の最初の字形です。箕の形の下に「丌《き》」(物置き台)が加えられている形が「其」です。読み方に「キ、み」などがありますが、「其」を「その」などの代名詞に用いるようになったので、「竹」が加えられて、「箕」の字が作られました。

【箕】

キ
み・ちりとり

「其」が代名詞として使われるようになったので、「其」に「竹」が加えられてできた

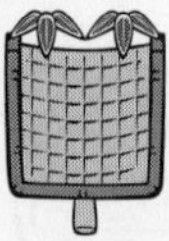

【旗】

キ
はた

「其」と「㫃」でできた字形。「㫃」は吹き流しをつけた旗竿

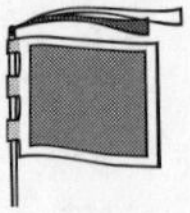

【棋】

キ・ギ
ご・しょうぎ

古代文字を見てもわかりますが、箕は四角形をしているので、「其」を含む文字には、方形のものの意味が含まれているのです。

「箕」は、前述したように、「其」が「箕」の最初の形です。穀などをふるう農具の部分に「丌」が加えられ、さらに竹が加えられました。ちりとりの意味にも用います。

それでは、「其」を含み、四角形の意を持った漢字の例を次々に紹介しましょう。

まず「旗」からです。これは「其」と「㫃《えん》」で、できた字形です。「㫃」は「族」などの古代文字（【矢】）をめぐる漢字を参照）を見ればよくわかりますが、吹き流しをつけた旗竿《はたざお》のことです。それに四角い軍旗をつけたものが「はた」なのです。

「棋」（棊）は、「木」と「其」からなる文字。これは四

〔棊〕

「木」と「其」とで将棋盤など、四角い盤のことをあらわす

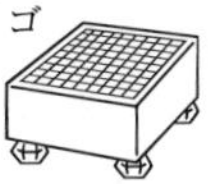

【碁】

キ・ギ・ゴ
ご・いご

【期】

キ
とき・あう

〔期〕

「其」と「月」とで、月の運行の一定の時間を示す

角形の将棋盤や碁盤のことです。読みは「キ」で、「ご、しょうぎ」の意味に用います。異体字「棊」のほうが、古代文字との関係はわかりやすいですね。

「碁」は、少し後にできた文字です。「其」と「石」で、できた漢字ですが、元の字は「棋」でした。「棋」が「将棋」と「碁」の意味に分化したため、「ご、いご」を示す「碁」の文字が作られたのです。

「期」にも「其」が含まれていますが、これはちょっと変わっています。四角形を示す「其」には、一定の大きさの意味があるのです。一定の大きさで何かを測るのですが、「期」は時間の一定の長さをあらわす文字なのです。

今の字形は「其」と「月」で、できていて、月の運行の一定の時間を示していますが、古い字形を見ると「其」に「月」ではなくて、「其」に「日」の形を加えたものもあります。上段の古代文字のうち左側のものが、その字形です。

【魌】〔䫏〕

キ
みにくい

追儺のとき、方相氏が用いる方形の鬼面のこと

この場合、太陽の運行の一定の時間を示した字形といえるでしょう。つまり月や太陽の運行による時間や月日の一定の時期を示した文字が「期」なのです。

「魌」（䫏＝異体字、）はあまり日常には見かけない漢字でしょう。

この「魌」は追儺《ついな》（鬼やらい）のとき、方相氏《ほうそうし》が用いる方形の鬼面のことです。追儺は宮中の年中行事の一つで、大晦日《おおみそか》の夜に悪鬼を祓《はら》い、疫病《えきびょう》を除く儀式です。現在の節分行事のルーツです。方相氏は悪鬼、疫病を追い祓う役です。鬼面をつけた方相氏が悪鬼を追い祓うのですから、現在の節分とは、やや異なったところもありますね。

もう一つ二つ、鬼面関係の文字を紹介します。まず「倛」です。読みは「キ、あざむく、きめん」など。この字は方相氏が鬼やらいの際、四角い鬼面をかぶることです。

【倛】

キ
あざむく・きめん

方相氏が追儺のとき、四角い鬼面をかぶること

【欺】

ギ
あざむく

四角い面をかぶって、言葉を発したり、叫んでいる字形

その四角い大きな面は「蒙倛《もうき》」ともいいます。孔子は「面は蒙倛の如《ごと》し」だったと伝わっています。つまり孔子は角張った、いかつい顔の人だったのでしょう。

倛面によって、人を驚かせて欺くので、「あざむく」の読みもあるのです。

「詐欺《さぎ》」という言葉の中の「欺」にも、「其」があります。この「欺」は、「其」と「欠」でできた文字です。「欠」は人が前に向かって口を開いている形の字です。言葉を発したり、歌ったり、叫ぶときの字形です。

この「欺」も前の「蒙倛」と呼ばれる四角い大きな仮面の意味を含んでいます。その大きな四角い仮面をかぶって、相手を欺き、驚嘆させる意味です。

面をもって他を欺くことは、元は神事的な行為でありましたが、後に人を欺くことの意味となりました。

【基】

キ
もとい・もと

「其」と「土」とで、建物の基礎・土台をあらわす字形

四角い箕《み》、ちりとりに「丌」が加えられた「其」には方形のものの意味に加えて、台座の意味があります。

その意味を反映しているのが、「基」です。「其」と「土」とでできた字ですが、これは土で壇を築いて建物の基礎・土台を作ることをあらわす字形です。「もと、もとい」の意味があります。

最後に、「其」の方形や台座の意味から離れて、中国の古代文化を理解する上で、一つだけ紹介しておきたい字があります。

それは「棄」です。「キ、すてる」という字ですが、この古代文字をよく見てください。箕の中に子供が入っていて、それを両方の手で押している字形になっています。

これは生まれたばかりの子供を棄《す》てている字です。「棄」が棄てているのは生まれたばかりの子供です。古代文字をさらに見ると、子供のまわりには、水滴のような点があり

【棄】

キ
すてる

棄

古代文字では、箕に子供を入れて、両方の手で押している字形

ます。つまり、これは川の流れに子供を棄てている文字です。

未開民族に初生児を棄てるということがあったのでしょう。しかし、単に棄てているのではなくて、川の水に浮き沈みする様子を見て、育てるかどうかを占っているのだろうというのが、白川静さんの考えです。

周王朝の始祖といわれる后稷《こうしょく》は伝説上の人物ですが、生後に棄てられて、「棄《き》」と名づけられたが、その後、いろいろな奇跡が起きて、育てられたと伝えられています。

日本でも、母親の凶年に生まれた子は、一度、棄てられ、他の人に拾わせて、あらためて引き取る習俗がありました。こんな習俗でも中国と日本には共通点があるようです。

【衣】

イ・エ・イン
ころも・きる・まつり

襟元を合わせた衣の形がそのまま字形に

【衣】をめぐる漢字

日本神話の天孫降臨の際、「真床襲衾《まとこおふすま》（真床追衾）」という衣に身体《からだ》を覆《おお》われて、神が降臨したという話が出てきます。また天皇即位後の大嘗会《だいじょうえ》のときにも、「天《あま》の羽衣」とも呼ばれる衣や「真床襲衾」という夜具を身につけるようです。これらの話には「衣」というものに霊力が宿っているという考えが反映していて、その衣を身につけることによって、霊の力を受け継ぐのです。

また歌舞伎役者が先代の名跡を襲名したりしますが、「真床襲衾」と同様、この「襲名」にも「衣」の字形を含んだ「襲」が使われています。ここにも「衣」の力によって、先祖・先代の霊力を受け継ごうという力が働いているのです。

これらは日本での話ですが、もともと「衣」という漢字

【依】

イ・エ
よる・たもつ

「人」に「衣」を加えて、霊を移す儀礼をあらわす

【裔】

エイ
すそ・ちすじ・とおい

「衣」の下に「冏」を加えた字形。「冏」は衣掛けを立てる台の形

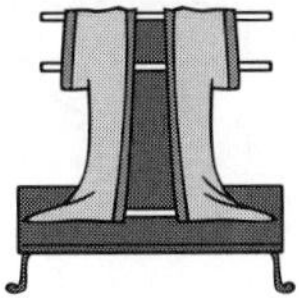

が「霊力」に関係している文字なのです。

この「衣」という字は、襟元《えりもと》を合わせた衣の形をそのまま文字にしたものです。日本では右前ですが、甲骨文字や金文では左前にかかれているものが多いそうです。この「衣」は、「霊」の依《よ》るところと考えられていました。

「依」は「人」に「衣」を添えた字形です。「衣」には「人」の霊が憑《よ》りつく（乗り移る）と考えられていて、霊を授かるとき、霊を引き継ぐときに、霊が乗り移っている「衣」を人により添えて、霊を移す儀礼をしました。それで「よる」の意味になったのです。

「裔」も「衣」の霊力を示す漢字です。「衣」の下の「冏《けい》」は、衣掛けを立てる台のこと。つまり、これは衣を衣掛けに掛けた字形です。衣装によって、先祖を偲《しの》ぶこと、衣装による祖霊の授受継承が考えられていたので、「すえ、ちすじ」という意味になったのです。血筋を伝える「末裔《まつえい》」という言葉なども、ここから生まれました。

【襲】

［襲］

シュウ
かさねる・つぐ・おそう・きる

死者の衣に龍の文様をかいた字形

【哀】

アイ
かなしい・あわれむ

「衣」の字の「亠」の下に「口」（𠙵）を置いた字形。死者への哀告の儀礼のこと

最初に書いたように、「襲」も「衣」の霊力に関係した文字です。これは見ての通り、「龍」と「衣」を合わせた字形。死者の衣に、呪飾《じゅしょく》として龍の文様をえがき、その衣を襲《かさ》ねて着せたのです。また位を襲《つ》ぐ儀礼のとき、その衣を上に襲《かさ》ねたので、「つぐ」の意味にもなりました。「襲名」「世襲」など、「衣」の持つ霊力が先祖のものを受け継ぐことの力として使われているのです。

『源氏物語』などに出てくる「襲《かさね》の色目」など、襲着することがもともとの意味です。後から、その地位を襲《つ》ぐので、「おそう」の意味にもなりましたが、この「襲撃」の意味に使われるのは後の用法のようです。

そのほかの「衣」についての漢字も紹介しましょう。まず「哀」と「衰」についてです。

「哀」は、「衣」の字の「亠」の下に「口」を置いた字形

【衰】［衰］

スイ・シ・サイ
もふく・おとろえる

「衣」の字の「亠」の下に喪章である麻の組み紐「冄」を置いた字形

【還】［還］

カン・セン・ゲン
かえる・めぐる

死者の襟元に霊力を盛んにする「玉」を置き、死者が生き還ることを願う儀礼をあらわす

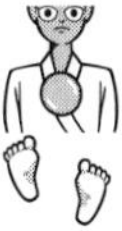

です。「口」は「くち」ではなくて、何度も説明していますが、祝詞《のりと》を納める器である「𠙵」（サイ）のことです。死者の衣の襟元の胸のところに「𠙵」を置いて、死者への哀告の儀礼を行うのが「哀」です。

「衰」は「哀」と現在の字形は似ていますが、古代文字を比べてみると、死者の衣の襟元の胸のところに置いてあるものがまったく違います。「衰」の古代文字の「」は「冄《ぜん》」で、これは麻の組み紐《ひも》です。麻の組み紐は死者の穢《けが》れを祓う意味があります。つまり「衰」は死者の襟元に麻の喪章をつけた形で喪服の意味。葬儀のときは普段の礼をひかえ、減らすので衰微の意味となったのです。

次は、「還」と「遠」です。

「還」は前にも少し触れましたが（【目】をめぐる漢字を参照）、この字の「睘」の部分は死者の衣の襟元の胸に死者の霊力を盛んにする「玉（○）」を置き、その上に人間

【遠】

[遠]

エン・オン・とおい

「土」と「玉」と「衣」に「辶」を加えた字形。「土」は「之」の変形、足跡の形で死者を送る字形

の生命力の象徴である「目」をかいて、死者が生き還《かえ》ることを願う儀礼をあらわす漢字です。「口」の字形も古代文字を見ると「𠙵」(サイ)の字形ではなく、「○」で「玉環」の形をしています。

それに、「辶」を加え、復活すること、生還することの意味になりました。

次は「遠」です。この「遠」も死者の衣の襟元の胸に死者の霊力を増す「玉(○)」を置いた字ですが、玉環の上にある「土」の字形は「之《し》」が変化したものです。古代文字を見ればわかりますが、「之」は「止」と同じで、足跡の形です。

つまり死者の枕辺《まくらべ》に「之＝止」(履き物)を置き、衣の襟元の胸に玉を置いて、死者を送る字形です。これに「行くこと」を示す「辶」をつけて、死者が遠くに行くことをあらわしています。「遠」とは、まずは死者の遠行のこ

【卒】

ソツ・シュツ
しぬ・おわる・ついに

「衣」の襟を重ねて結びとめた形

とでした。日本でも死者の足もとに藁《わら》草履を置き、足袋脚《きゃ》絆《はん》をつけたりするのと同じです。

このように、「衣」の字形を含む文字には、死に関する文字が多いですが、「卒」もそうした漢字の一つです。古代文字「」を見てください。「衣」の古代文字「」に「ノ」を加えたような形となっているでしょう。

これは「衣」の襟を重ねて結びとめた形です。死者の衣の襟元を重ね合わせて、死者の霊が死体から出ないようにしたり、邪悪な霊が死体に入り込まないようにしたのです。そのため「しぬ、おわる、ついに」などの意味になりました。

そして、人が亡《な》くなると、とり急ぎ襟元を重ね合わせるので、「にわかに」の意味にも用いられるようになったのです。

【展】

テン
のべる・ひろげる

「尸」と「㠭」と「衣」でできた字形。死体に呪霊が入り込まぬよう呪具「工」を四つ置いている

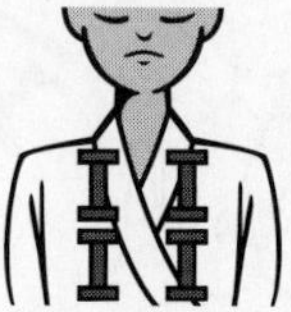

「展」の文字も人の死と関連しています。これは「尸《し》」と「㠭《てん》」と「衣」でできた文字です。「尸」は死者のこと（【人】をめぐる漢字を参照）。「㠭」は、呪具である「工」が四つある字形です。

つまり「展」という字は、人が死亡したとき、その呪霊が死体に入り込まないように呪具（工）を四つ、死者の襟元に置いた字形です。展屍《てんし》（死体をあらためること）に使われる「展」がもともとの意味で、そこから「ひろげる、のべる」などの意味になっていったのです。

【羊】
ヨウ
ひつじ

正面からの「羊」の姿を角と上半身の形であらわした字形

【羊】をめぐる漢字

「美」という字、「善」という字、「義」という字をよく見てください。この中に「羊」の字形が入っていることがわかりますか？

「美」も「善」も「義」も特別な価値観を持った漢字ですが、それらの文字はすべて「羊」に関係しているのです。「羊」は古代の中国人にとって、とても大切な動物でした。特に神事に使われることが多かったので、この「羊」を含んだ漢字は数多くあります。

その「羊」という字は、羊を正面から見て、その角と上半身の形を写した字形です。古代中国では、神意を受けての神判で、この羊を使った羊神判が行われました。羊神判によって「祥」「不祥」を決めたのです。

【祥】［祥］

ショウ
さいわい・しるし

旧字は神卓「示」と「羊」。争う当事者の双方が神に羊をさし出して行う羊神判という裁判で、羊を使った占いの結果を得ること

【詳】

ショウ・ヨウ
つまびらか・くわしい

「言」と「羊」。羊神判の際、当事者たちの主張を詳しく聞き調べること

【美】

ビ
うつくしい・よい・ほめる

「羊」の全身の形

羊神判では双方の当事者が「羊」をさし出して、裁判を受けました。「祥」は、その羊神判の際の吉凶の予兆のことです。よい兆《きざ》しである「吉祥」の意味に使われる意味が多いのですが、必ずしも吉祥に限らず、悪い兆しである妖《よう》祥《しょう》を意味することもありました。

「詳」にも「羊」の字が使われていますが、これは羊神判の際に当事者の主張をつまびらかに聞き調べることを「詳」といったのです。

さて、最初に紹介した「美」ですが、これは「羊」の全身の形です。「羊」は、羊の上半身を前から見た形ですが、「美」は、羊の後ろ脚まで加えて上から見た形です。「大」の字の部分は牝羊《めひつじ》の腰の形です。

この成熟した羊の美しさを、「美」といったのです。その後すべての「美しいもの」の意味に使うようになりまし

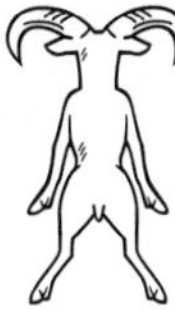

【善】

ゼン
よい・ただしい

〔譱〕

元の字形「譱」は「羊」と「誩」でできていて、古代文字も同形。「誩」は羊神判の際に、神に誓いを立てた被告と原告の言葉

た。美しい意味から、「よい、ほめる」の意味も生まれました。

次に「善」です。これは元の字は「譱」という字形で、古代文字もそのような形をしています。この「譱」の字が羊を用いた神判（神が裁く裁判）である羊神判のことを一番わかりやすく示しているかもしれません。「言」は前にも紹介しましたが（【辛】をめぐる漢字を参照）、神への祈りの言葉である祝詞《のりと》を入れる器「」（サイ）の上に入れ墨用の針を置いて、もし誓約を守らないときには、この針で入れ墨の刑罰を受けますと神に誓う言葉のことです。

「言」が二つ書かれているのは、裁判の原告と被告の誓いが両方からあったという意味です。だから「譱」（善）は、羊を中心に原告・被告の双方の言葉を記した裁判用語でした。

しかし、後に神の意思にかなうことを「善」というよう

【義】

ギ
ただしい・よい

「羊」と「我」でできた文字。「我」は「鋸」。「羊」を「鋸」で犠牲にする字形

【犠】［犧］

ギ
いけにえ

旧字は「牛」と「羲」。「我」に足された「丂」の部分は鋸で切断された羊の後ろ脚が垂れている姿。それに重要な犠牲「牛」を加えてできた

になり、「よい、ただしい」の意味となっていったのです。

そして「義」ですね。

「義」は「羊」と「我」でできた文字です。

そのうちの「我」の部分は古代文字を見てもらったほうが、わかりやすいかもしれませんが、これは「鋸《のこぎり》」の形です。つまり「羊」を「鋸」で截《き》って、犠牲にするのが「義」です。

儀式の際には、羊が犠牲になることが多く、鋸で羊を二つに切断して、供えました。内臓も含めて、毛並み、角などすべて完全な犠牲であることを明らかにするためでした。犠牲として、すべて欠陥がないことを「義《ただ》しい」といいます。犠牲として正しいのを「義」といったのです。後にすべて「ただしい、よい」の意味となりました。

「犠」という字は、まず旧字体のほうを見てください。

【達】

タツ
とおる・およぶ

［達］

牝羊から子羊が生まれ落ちる姿を後ろから見た形に「辶」を加えた

旁《つくり》の部分が「義」となっていて、「義」の下の「我」の部分が「我」に「丂《こう》」の字がプラスされています。この「丂」は、鋸で切断された羊の後ろ脚が垂れている姿をあらわしています。この「義」が「犠（犧）」の元の字なのです。重要な犠牲である「牛」を加えて、「犠《いけにえ》（犧）」の字となりました。

もう一つ、「羊」関連の字を記しておきましょう。それは「達」です。この字の「辶」以外の部分は、牝羊から子羊が生まれ落ちる姿を後ろから見た形を文字化しています。

「詩経」に「先《ま》づ生まるること達の如《ごと》し」（羊の子のように、するりと生まれる）という言葉があるように、子羊がするりと滑るように勢いよく生まれ出る様子のことです。とどこおりなくとおることから、「とおる、およぶ」などの意味となりました。

【隹】

スイ
とり・これ

鳥の姿をそのまま文字にした

【進】［進］

シン
すすむ・すすめる

「隹」と道を行く意味の「辶」でできた文字。軍の進退を鳥で占った

【隹】をめぐる漢字

古代中国では鳥は神意の媒介者で、鳥の形をした霊でした。「隹」は「鳥」のことですが、その鳥を使った占いなども行われていて、漢字には「隹」に関する文字もたくさんあります。

「隹」は、「鳥」の字と区別するために、舊（「旧」の旧字）の字に含まれる「隹」は「ふるとり」と呼ばれています。甲骨文字などでは、特定の神格化されたものには「鳥」の字形があてられていますが、他の鳥はすべて「隹」で書かれていて、尾が短い鳥、尾が長い鳥の区別はありません。

【隹】をめぐる漢字のうち、誰でも知っている代表的ものは「進」でしょうか。ですから、この「進」から話を始めましょう。

【推】

スイ
おす・うつす・すすめる・おしはかる

鳥占いによって、ものごとを推し測ったり、推し進めるかどうかを決めたことをあらわす文字

【唯】

イ・ユイ
しかり・これ・ただ

「隹」と「口」(𠙵)でできている。鳥の動きで神の応答を知る字形

これは「隹」と道を行く意味の「⻌」でできた文字です。鳥占いによって、軍の進退を決め、進軍させることを「進」といいました。そこから「すすむ、すすめる」の意味となったのです。

次に「推」も鳥占いに関係した言葉です。鳥占いによって、ことを推測したり、それを推進するかどうかなどを決したのです。「推」には「推察」「推測」などの用法があって、占い的な意味を残しています。

「唯」は「隹」と「口」でできています。「口」は繰り返し出てきますが、祝禱《しゅくとう》の器「𠙵」(サイ)の形です。鳥の鳴き声を示すものではありません。鳥の横に神意をうかがうために祝詞《のりと》を入れた「𠙵」を置いている字形で、これも鳥占いの文字です。神に祈って、その神の応答を鳥の動きによって知るのが、この「唯」です。

そして神意に対して、素直に「ハイ」と従う応答の言葉

【雖】

スイ
いえども

「唯」の「口」（）に「虫」が加えられた字形。「唯」に呪虫がついて、神意をさまたげている

【惟】

イ・ユイ
おもう・ただ・これ

「忄」と「隹」でできている。鳥占いで思慮すること

【誰】

スイ
たれ

「言」と「隹」でできている。鳥占いの際、自分に害を加えている者の名前を問う占いの言葉

が「唯」です。そこから「しかり」などの意味となりました。

この「唯」と大いに関係のある文字が「雖《すい》」です。よく見てください。「雖」という字は「唯」という字の偏の「口」の下に「虫」がついた形をしています。「口」は「」（サイ）ですが、その祝詞を入れた「」を侵す虫がついているのです。

つまり「唯」に呪虫《じゅちゅう》がついて、神意を邪霊が害していて、神意をさまたげている字形なのです。

「唯」は神意の承認を示す文字ですが、それを害する邪霊があれば、神意を実行することは留保しなくてはなりません。そこで、「雖」は「いえども」という逆説態の意味となるのです。神に対して「しかり」という「唯」。それに悪い虫がついて、逆の「いえども」となる「雖」。こんな説明を聞くと「唯」と「雖」というペアの漢字が忘れがたくなります。漢字はほんとうに面白いですね。

【応】［應］

オウ
こたえる・あたる・まさに

旧字は「人」が胸に「隹」（鷹）を抱いている形で、鷹狩りのこと。「广」は鷹が大切に祭られている場所のこと。その鷹をつかった「誓い狩り」に神が応えること

もう少し鳥占いの文字を紹介しましょう。

「惟」という字は「忄（心）」と「隹」でできた文字ですが、これも鳥占いによって、思慮するという意味の字形です。

そして、「誰」という字にも「隹」がありますね。これは鳥占いの際、自分に呪詛《じゅそ》などが加えられているときに、その自分に害を加えている者の名前を問う占いの言葉のようです。つまり、「それはだれか？」と、自分を呪詛している加害者の名前を問う占いです。それがそのまま疑問代名詞として残りました。

以上、旁《つくり》に「隹」がある漢字を紹介しましたが、少し違う場所に「隹」のある文字をいくつか挙げてみましょう。

まず「応」の字です。もちろん、これは旧字の「應」を

【隻】

セキ
ひとつ
「隹」と「又」でできている。「又」は手の形。手で鳥を一羽持つ字形

【双】
ソウ
ならぶ・ふたつ

【雙】

旧字形がわかりやすいが、二羽の鳥を手に持つ形

見なくては、「隹」はわかりません。これは「人」が胸に「隹」（鷹《たか》）を抱いている形で、鷹狩りを意味する文字です。「广」は、鷹が大切に祭られて、育てられている場所をあらわしています。日本でも鷹狩りは「誓《うけ》い狩り」といって神意を占う方法として行われていました。

その鷹狩りの結果は神意のあらわれと考えられていて、「応」に「こたえる」の意味があるのは、神意を問うたのに対して、神が応答したという意味があるからです。

次に「隻」です。この文字は「隹」と「又」でできています。「又」は前にも説明しましたが、「手」の形です（【手】をめぐる漢字を参照）。手で鳥を一羽持つ形が「隻」です。そこから「ひとつ」の意味になり、「隻眼」「隻手」などと使われるようになりました。しかし、もともとは「獲」の元の字で、鳥獣ばかりでなく、人をつかまえる意味にも使われていたようです。

【獲】［獲］

カク
とる・えもの・える

「隻」の古い字形が「隻」で、「獲」の元字。「蒦」に犬（犭）を加えて、猟犬を使って動物を狩りする意味に。さらに他のいろいろなものを「とる」意味になった

【穫】［穫］

カク
かりとる・かりいれ

「蒦」に「禾」を加えて、農作物をとること

そして「双」の字。これも旧字形「雙」を見れば明らかですが、二羽の鳥を手に持つ形です。それゆえに「ならぶ、ふたつ」などの意味になったのです。

「獲」は、「隻」のところで説明しましたが、「隻」の字が、「獲」のもともとの字形でした。もともとは鳥をとる意味の字でしたが、犬（犭）を加えて、猟犬を使って動物を狩りする意味に使われだし、そこからすべてのものを「える、とる」の意味になったのです。

さらに、農作物をとるときには「犭」にかえて、「禾」の「穫」が使われるようになりました。「穫」は「獲」よりも後に作られた文字です。

「隹」に関する漢字は実に多いのですが、あと少し、よく使う漢字でそれぞれに関係性のある例を三つほど、「隹」

【隺】

カク
かたい・うつ

「隹」に「冂」を加えた形で、飛び立とうとする鳥を確かにとらえて引き止めている字形

【確】

カク
かたい・たしか

「隺」は飛び立とうとする鳥を強く引き止めている字形。さらに「石」を加え、しっかり確かなものにする

の最後に挙げたいと思います。その三つの文字とは「確」と「奪」と「奮」のことです。

まず「確」です。この文字は許慎《きょしん》の『説文解字《せつもんかいじ》』にも収められていません。旁の「隺」は「隹」と「冂《けい》」（わくの形）でできています。飛び立とうとする「隹」の上に「冂」を加えて、強く引き止めているのが「隺」です。それに「石」を加えて、固くしっかりと、確かなものにするという意味です。

次に「奪」です。これは「大」と「隹」と「寸（＝手）」を組み合わせた字形です。金文の字形では「衣」と「隹」と「又（＝手）」を組み合わせた形をしています。つまり「大」は「衣」の上半分の形なのです。

人が死んだとき、衣の中に隹（鳥）を加えるのは、死者の衣襟《いきん》の中から死者の霊が鳥形霊となって脱出しそうなのを手で留める形の字です。

【奪】

ダツ
とる・うばう・うしなう

「大」と「隹」と「寸(手)」でできた字形。「大」は「衣」の上半分の形。死者の衣襟から霊が鳥形霊となって脱出しそうなのを手で留める形

【奮】

フン
ふるう・はげむ・いさましい

古代文字では「衣」と「隹」と「田」でできている。死者の衣の中に鳥籠状のものを入れて、籠の中に鳥を留めておく字形

最後は「奮」です。これは金文では、「衣」と「隹」と「田」でできています。人が亡《な》くなったときに、霊が鳥形霊となって去るのを留めようとする「奪」と関連がある字です。

その関連から見ると「田」は鳥の脚を止《と》めておく鳥籠《とりかご》のような器の形で、死者の衣襟の中に鳥籠状のものを入れて、籠の中に鳥を留めておく字形。それによって、死者の霊が、鳥形霊として飛び立たないようにした文字です。

さらに鳥が留めるのを退けて奮飛することを「奮」といいました。鳥の奮い飛び立とうとしている姿の文字と考えていいです。

このように「確」「奪」「奮」はみな鳥と霊との関係を示している漢字なのです。

【虎】
コ
とら

虎の形をそのまま文字にした

【彪】
ヒュウ・ヒョウ
まだら・あや・あきらか

「虎」と「彡」でできている。「彡」は色彩や形が美しいことをあらわす記号的な文字。虎の文様の美をあらわす字形

【虎】と【象】をめぐる漢字

犠牲に使われた「犬」「羊」、また、占いに使われた「隹」（鳥）に関係した漢字を紹介してきましたので、他の動物に関係した文字をもう少し紹介しようと思います。

まず「虎」（、）についてです。「劇作」「戯曲」という言葉がありますが、この「劇」「戯」の両方とも「虎」に関係した文字です。二つの漢字をぱっと見てなんとなく似ているでしょう。そのことを説明する前に、まず「虎」の字の説明から始めましょう。

「虎」は古代文字をいくつか見ると明らかですが、虎の形をそのまま文字にした象形文字です。

この「虎」を、そのまま使った文字では「彪」がありま す。この文字は「虎」と「彡」でできています。「彡」は、

【虍】コ

「虍」の頭の部分の形

【虐】［虐］ギャク　しいたげる

① 

② 

人が虎の爪にかけられる字形

色彩や形が美しいことをあらわす記号的な文字です。ですから「彪」は、虎の文様の美をあらわす漢字です。

次に、「劇」「戯」の偏の上部の字形である「虍」の説明をしたいと思います。

「虍」（）は「虎」の頭の部分のことです。

この「虍」のついた漢字を一つ挙げれば、「虐」がそうです。

「虐」（虐、、）は、古代文字①を見ると、虎が爪《つめ》をあらわしている形（▽形にとがった部分）です。古代文字②では、爪の横に人（）が加えられています。つまり、人が虎の爪にかけられるので、人が危険に遭うの意味となり、「しいたげる」の意味となったのです。

中国の神話には饕餮《とうてつ》という動物的な姿を持つ怪神が出てきます。この獣は、身は牛の如《ごと》くして人面、目は腋《わき》の下に

【劇】

ゲキ
はげしい

「豦」と「刂」(刀)でできた文字。「豦」は虎の頭を持つ獣の形で、虎頭をかぶって奮迅する人の姿。これに刀で立ち向かう軍戯のこと

あり、人を食うものであるといいます。あるいは、羊身にして人面、その目は腋の下にあり、虎歯にして人爪《じんそう》、その音は嬰児《えいじ》のようであり、人を食らうといいます。いずれも「虎」に似た動物です。

この饕餮は青銅器の文様として、殷周《いんしゅう》期に最もさかんに行われていたものです。このころ虎に似た饕餮を聖獣とする観念があって、その呪術《じゅじゅつ》的能力をもって祭器を守ろうとしていたのでしょう。つまり虎は古代中国では特別な力をもった動物でした。

さて、最初に紹介した「劇」()についてです。

これは「豦《きょ》」と「刂」(刀)でできた文字です。「豦」は虎の頭を持つ獣の形で、虎頭をかぶって奮迅する人の姿です。これに刀で立ち向かう軍戯を「劇」というのです。

虎の皮を身につけた者に対して、刀で斬《き》りつけて悪く残虐な者を討伐する演戯が神前で行われました。戦勝を祈る

【戯】［戲］

ギ・キ
たわむれる

旧字の偏の部分は「虍」（虎頭の人）が「豆」（脚の高い器）の形の台座に腰掛けている形。その者を後ろから「戈」で撃つ形

儀式だったのでしょう。その演戯の動作が激しかったので「はげしい」という意味にもなったのです。

戦勝を祈る儀礼の劇的な所作をあらわす文字が、後に演劇一般をあらわす文字になっていったということです。

この「劇」と同じような意味を含んでいる文字が「戯」（戲、）なのです。

旧字「戲」は左の偏の部分は「虍」、つまり虎頭の人が、「豆」（脚の高い器）の形の台座に腰掛けている形です。右の旁《つくり》の部分は「戈《ほこ》」です。虎頭をかぶって、台座に腰掛けている者を後ろから戈で撃つ形の文字です。

これも「劇」と同じように、戦いの前に戦勝を祈願する祈禱《きとう》的な舞楽だったのでしょう。実際の交戦も「戯」といいます。開戦の通告も「請《こ》ふ、君の士と戯《たはむ》れん」というようにいいました。ですから「遊戯」とは、もともと軍の示威的行動をいう言葉でした。

【処】［處］

シヨ
おる・ところ・おく

「虎」と「几」（腰掛け）でできている。虎皮をかぶって、「劇」や「戯」などの神事的な所作を演ずる者が「几」に掛けている姿

戦勝を祈るしぐさが、たわむれ、からかうしぐさに似ていることから、「たわむれる」という意味になったのです。

「処」（處、）という字も「虎」に関係する文字ですが、これは旧字の「處」を見ないと「虎」との関係はわかりません。古代文字を見ると、これは「虎」と「几《き》」でできています。

虎皮をかぶって、「劇」や「戯」などの神事的な所作を演ずる者が、「几」（腰掛け）に掛けている姿の文字です。虎頭の者の座り動かぬさまをあらわした文字で、虎頭の者、神的な者が、在る所という意味で、「おる、ところ」の意味になったのです。

以上、「虎」に関係した文字のいくつかを紹介してきました。金文には、この「虎」の図象を用いるものがあります。図象はその氏族の紋所のようなものですから、漢字が誕生したころには、虎の飼育に関与した部族がいたのだと

【象】

ショウ・ゾウ
ぞう・かたち

象の姿をそのまま写した形

思われます。ですから、古代中国では虎がとても重要な動物だったのです。

もう一つ紹介しておきたい動物が「象」（）です。「象」というと、インド象、アフリカ象が、すぐ頭に浮かびますが、古代中国に象はいたのだろうか？　そんな疑問がわいてくると思います。

でも、古代中国で、亀《かめ》の甲を焼いて行う占いの言葉、卜《ぼく》辞《じ》に「象を獲《え》んか」と卜するものがあるので、殷の国内または周辺にも「象」が生息していたことがわかります。もちろん南の動物ですが、長江以北にまで出没していたようです。

「象」の文字は、実際の象の姿をそのまま写したものです。それだけなら、漢字の関連性を紹介していく、この本で取り上げる必要はないのですが、われわれが普段使って

【為】［爲］

イ
なす・つくる・おもう・まねる・ため

古代文字は「手」（又または爪）と「象」でできている。手をもって象を使役するという意味の文字

いる漢字に、この「象」が潜んでいるので、その字について紹介しておきたいのです。

それは「為」（爲、、）という字です。

この「為」の古代文字を見てください。これは、「手」（又または爪）と「象」でできています。手をもって象を使役するという意味の漢字なのです。甲骨文字、金文の字形は、象の鼻先に手を加えて象を使役する形になっています。

「宮を爲《つく》る」という言葉が残っているので、古代中国では、宮殿をつくるときなどの土木工事に象を使ったのです。そこからいろいろなことを「なす」の意味となったり、さまざまなものを「つくる」の意味となったのです。

殷・周時代の彝器《いき》（祭器）には、象を文様とするものが多いのです。また金文の図象にも象をえがいたものがあります。土木工事の際、象を取り扱う部族がいたことを示しています。

【真】［眞］

シン
まこと

旧字は「匕」と「県」でできている。「匕」は死者のこと、「県」は首の転倒形。横死者、不慮の災難で行き倒れとなり死んだ人を示す字形

【真】をめぐる漢字

白川文字学に触れ、甲骨文字や金文の文字の世界を知ると驚くことがしばしばなのですが、この「真」（眞）の文字についての解説も、その代表的なものでしょう。

「真」（眞、）の旧字は、「匕《か》」と「県」とでできた字です。匕はその古代文字「」を見ると、人が倒れた形をしていて、人の死を意味しています。この匕は「化」（化）という字の最初の字形。「化」（）は「人」と「匕」でできた字で、死人の転倒している姿をあらわしています。つまり「化」は「匕」の複数形です。

「匕」にも「化」にも「かわる」という意味がありますが、それは単に変化するのではなくて、もともとは人が死ぬことを意味しています。

次に「真（眞）」の字のうちの「県」の部分です。この

【𥄉】

キョウ
さらしくび

人の首を逆さまにかけている字形。「巛」は髪の毛が下に垂れ下がっている形

【県】［縣］

ケン
かける・くに

「𥄉」と「系」でできている。「系」は紐のこと。木に紐で首を逆さまにぶら下げている形

「県」の旧字形「縣」を見ると、「𥄉《きょう》」（）と「系」で作られています。実は、この「𥄉」という字は、人の首を逆さまにかけている形で、「巛」の部分は髪の毛が下に垂れ下がっている形を示しています。「系」は紐《ひも》のことです。だから「縣」は、木に紐で首を逆さまにぶら下げている形で、「かける」の意味があります。首を木にぶら下げた字形というのは、驚かれるかもしれませんが、この「」と「」の二つの古代文字例を見ると、わかってもらえるかと思います。

そして、後に「縣」が行政単位の県の意味に使われるようになって、「懸」（かける）という字が別に作られたのです。

そこで最初に戻って、「匕」と「県」でできている「眞」の字のことを説明しますと、「匕」は死者のことであり、「県」は首の転倒形ですから、この「眞」は顚《てん》死《し》者《しゃ》、横死

者、不慮の災難で行き倒れとなり死んだ人を示す文字です。死者は、それ以上は変化しないので、永遠のもの、真の存在として「まこと」の意味となったのです。

　そして、この不慮の災難で死んだ人の霊は、うらみを持っているので、強い霊力があると考えられていて、「眞」を含む文字、「瞋」、「塡」、「瑱」、「鎮」（鎭）、「慎」（愼）、「顚」などには、いずれも、この行き倒れとなった顚死者の怨霊《おんりょう》を恐れ、鎮《しず》めることに関連した意味を持っています。そのことについて、各文字を説明しましょう。

【瞋】

シン
いかる

「眞」は不慮の災難で死んだ行き倒れとなった横死者。「目」は横死者の強いうらみをあらわす

「瞋」（）は「目」と「眞」でできています。「眞」は不慮の災難で死んだ行き倒れとなった横死者。これらの人は強いうらみを持っています。そのうらみの霊力が目にあらわれています。その怨恨《えんこん》の情をあらわす文字で「いかる」という意味になります。また、怒って目をむくことを「瞋《しん》恚《い》」や「瞋目《しんもく》」というのです。

【塡】

テン・チン
ふさぐ・うずめる・みたす・ひさしい

「眞」は行き倒れの人。その人を土の中に「うずめる」字形。横死者の怨恨の強い霊をうずめ鎮める文字

【瑱】

テン・チン
みみだま

「王」（「玉」のこと）と「眞」とでできている。死者の耳に玉をつめて、強い瞋りの霊を鎮める文字

「塡」（塡）は、「土」と「眞」とでできています。「眞」は、行き倒れの人で、この横死者の怨恨の強い霊の「瞋《いか》り」を鎮（鎭）めるために、その人を土の中に「うずめる」のが、この字です。

そこから「うずめる、ふさぐ、みたす」などの意味が生まれました。

「瑱」（瑱）は「テン、チン」と音読みしますが、訓読みは「みみだま」です。「王」は「玉」のことで、それと横死者をあらわす「眞」とでできているこの文字は、死者の耳につめる玉を意味しています。行き倒れの人の強い瞋りの霊を玉をもって鎮めたのです。

「鎮」（鎭、鎭）は、もう説明が要らないかもしれませんが、行き倒れの人の強い呪霊《じゅれい》をうずめて鎮めたり、玉をもって鎮めたりする鎮魂の行為をあらわす文字です。

呪霊を鎮める意味から、「鎮定」など軍事的な支配の意

【鎮】［鎭］

チン
しずめる・おさえる

横死者の強い呪霊を土にうずめたり、耳に玉をつめたりして鎮魂する行為をあらわす

【慎】［愼］

シン
つつしむ・まこと

行き倒れの人の霊魂を鎮めるときの横死者に対する丁重な心情をあらわす文字

味にも用いられるようになりました。

そして、「慎」（愼、）という字は行き倒れの人の強い瞋《いか》りの霊魂を塡《うず》めて鎮めたり、玉を添えて鎮めたりする際に、その横死者に対する丁重な心情を「慎」（愼）といい、「つつしむ」の意味となったのです。

ここで紹介してきたように行き倒れ、横死者を示す「真」（眞）という文字が、本来の意味と異なって、真理の「真」を示す文字となっていきます。このような字義の変遷《へんせん》はまことに不思議です。

【人】をめぐる漢字の「久」の文字のところでも少し説明しましたが、古代中国人には、死というものを積極的にとらえて、逆にそこから永遠性を見いだすという死生観があります。

『字統』の「真」の項には「眞人有りて、而《しか》る後に眞知有り」「是《これ》を其《そ》の眞に反《かへ》ると謂《い》ふ」という荘子の言葉が紹

【顚】

テン
たおれる・さかさま・いただき

「眞」と「頁」でできている。「眞」は横死者。「頁」は人の顔を横から見た形で、横死者を拝している字形

介してあります。「真」という文字の「存在の根源」という意味への転換は、荘子らの思想家によってなされたようです。

このように「眞」の字がついた漢字はたくさんありますが、最後に「顚」(顚)を挙げておきましょう。

これは「眞」と「頁《けつ》」でできた字です。「頁」は、顔を中心とした人間を横から見た字形で、「かお」の意味です。古代文字を見ると、頭上に祭事のときにつける飾りをつけています。つまり単なる顔の意味ではなくて、儀礼を行っているときの顔の意味です。

「眞」は横死者の意味ですが、「頁」は、その横死者を拝している姿を示していて、元は「顚」は横死者を葬《ほうむ》る意味の文字です。

そこから「たおれる、さかさま、いただき」などの意味となりました。

【可】をめぐる漢字

漢字の起源は、亀《かめ》の甲羅や牛の肩甲骨《けんこうこつ》などに刻まれた占いの言葉を記す文字です。肯定形の言葉と否定形の言葉を同時に記して、甲羅などに熱を加えて、その裂け目の具合に応じて、「よい答え」か、「悪い答え」かを判断したようです。

でも、普通に考えても、こんな疑問がわいてきます。もしも「悪い答え」ばかりが出たらどうするのだろう……。そんなことを白川静さんに質問したことがあります。白川静さんは笑いながら明快に答えてくれました。「それは、よい答えが出るまで何度も同じ占いをするのです」

白川静さんによると、同じ占いの言葉をいくつも記した甲羅がたくさんあるのだそうです。現代人も占いで同じようなことをしますが、三千年以上前の人たちもあまり変わ

【可】

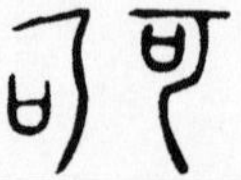

カ
よし・ゆるす・べし

神への祈りである祝詞を入れた器「口」（𠙵）を木の枝である「丁」で打つ字形

【呵】

カ
せめる・しかる

「口」（𠙵）を木の枝で打ち、祈りがかなうように神に迫ること

らないのだなあと思い、まことに微笑《ほほえ》ましく思いました。

ともかく、そうやって神の意志を聞いて、行動に移していったのでしょうが、その途中、なかなか神のよい答えがないとき、また神にどうしても強く、よい答えを求めるとき、古代中国の人はどうしていたのだろうかという思いもわいてきました。

そのような神に強く祈り、それがかなうように神に迫ることが、実は「歌」というものの発生と深く関係しているのです。

【可】をめぐる漢字で紹介したい文字は、この「歌」に関するものです。その基本的な文字が「可」なのです。

「可」（可）は、「口」（𠙵＝サイ）と「丁《か》」を組み合わせた文字です。「口」（𠙵）は「くち」ではなく、神への祈りである祝詞《のりと》を入れた器のこと。「丁」は木の枝です。

つまり、「可」は祝詞の入った器に対して木の枝を振りかざして打ち、祈り願うことがかなうように神に迫ること

【哥】

カ
うた・あに

「可」を二つ重ねた字形。「口」（）を木の枝で打ち、祈りがかなうように神に迫るときに発する声のこと

をあらわした文字です。

神へ願いごとを実現す「べし」と強く迫るので、「べし」の意味も生まれ、それに対して神が「よし」と許可するのです。それゆえに「よし、ゆるす」の意味も生まれました。「許可」とは、もともと神が許す許可のことでした。また神が許すことは「可能」なので、その意味も生まれました。

木の枝で打ち、祈りがかなうように神に迫ることをあらわす「可」は「呵」の元の字でもあります。

そして、この祝詞を入れた「」（サイ）を木の枝で打って、祈りの実現を迫る際の祈禱《きとう》の声が歌のルーツなのです。

「哥」（）は「可」を上下に二つ重ねた字形。「可」は祝禱を納める器を木の枝で打ち、呵《か》して、祈願の成就《じょうじゅ》を責め求める字ですが、そのときに発する声を「哥」といいます。この「哥」が「歌」という字の最初の形です。

【訶】

カ
しかる・うた

「言」と「可」でできている。祝詞を入れる器「口」（）を木の枝で打ち、神に祈願の成就を迫るとき、「言」を長くして曲節をつけること

【歌】

カ
うたう・うた

「口」（）を木の枝で打ち、祈願の成就を責め求める際に発する声が「哥」。それに、立っている人が口（くち）を開いて叫んでいる姿をあらわす「欠」を加えた字形

「訶」（）という字についても説明しましょう。祝禱して祈り、神に祈願の成就を責めることが「可」「呵」ですが、そのときの「言」を長くして、曲節をつけるのが「訶」です。「訶」も「歌」の字の最初の形でもあります。

そして「歌」（）なのですが、これは「哥」と「欠」とでできています。前述したように、「口」（）を木の枝で打ち、呵して祈願の成就を責め求める字で、そのときに発する声が「哥」です。「欠」は立っている人が、口《くち》を開いて叫んでいる形です。

祈願の実現を神に迫るとき、その神に祈る声にリズムをつけて、歌うように祈ったのでしょう。その声の調子を「歌」といいます。白川静さんによると、日本の「うた」という言葉も「拍《う》つ、訴《うった》う」と関係があるそうです。

つまり歌の起源は、もともと、その言霊《ことだま》をもって呪能《じゅのう》を発揮するものであったのです。それが後になって、歌楽や

【河】

カ
かわ

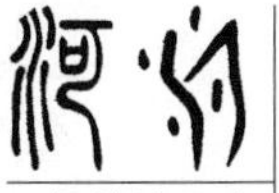

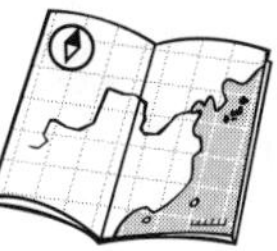

古代文字には「口」（　）のない字形もある。「丁」は木の枝のように折れ曲がる形。それに「氵」を加えた形で、黄河のこと

謳歌《おうか》など楽しむべきものの意味になりました。また「歌」には異体字として「謌」があります。

最後に「歌」につながる漢字ではありませんが、似たような字形を持つ「河」を紹介しておきましょう。

「河」（　、　）は、甲骨文字など古い古代文字などを見ると、「口」（　）の字形がないものがあります。「丁」は、木の枝ですが、木の枝には折れ曲がるという意味が含まれています。中国で単に「河」といえば黄河のことを指します。黄河は何度か九十度に曲がりながら流れる大河ですが、古い字形「　」は、曲がりながら流れる黄河の形をあらわした文字と見ることもできます。

地図帳などを開いて、黄河の流れを眺めてください。それは、ほんとうに折れ曲がった木の枝のような形をしています。

【才】

サイ・ザイ
ある・はたらき・わずか

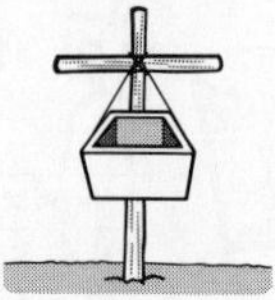

標木の十字形の木の部分に、祝詞を入れる「𠙵」をつけた字形。神聖な場所の印

【才】をめぐる漢字

最後に紹介する一連の漢字は、白川静さんの漢字学の大きな中心をなす「𠙵」（サイ）に関連した文字です。白川文字学の大きな功績のまず第一に挙げられるのが、この「口」が「くち」ではなく、神への祝禱《しゅくとう》の祝詞《のりと》を入れる器「𠙵」であることを体系的に明らかにしたことなのです。

そのことは、この本の中で毎回のように繰り返し書いてきました。「𠙵」を理解することが、白川文字学の体系を知るためには、とても重要な部分を含んでいるからです。

ここで紹介する文字は、「𠙵」が木や武器、車などにつけられた字形の漢字です。「𠙵」を「サイ」と読むのも、ここで紹介する一連の漢字と関係しています。では、まず「才」から始めましょう。

「才」は、目印の木として立てた標木の上部に横木をつ

【在】

サイ・ザイ
ある・おる

「才」と「士」でできている。「士」は小さな鉞の頭部の形。これを聖器として「才」に添えて、神聖な場所であることを確認している字形

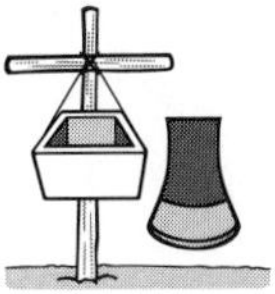

けた十字形の木の部分に、祝詞を入れる「」をつけた字です。

この「」（サイ）が、木にとりつけられたときの「」の形です。

神聖な場所の印として、このようなものを立てるのです。このような標識を立てることによって、その土地は祓《はら》い清められ、神の支配するところとなります。時間的にも空間的にも、清められたものとしてあることを意味するのです。

そして、この「才」という文字は「在」の元の字でもあります。

その「在」は「才」という字と「士」とでできた字形です。紹介したように「才」は目印に立てた十字形の木に「」（サイ）をつけた形。右下の部分は「士」ではなくて、「士」です。古代文字を見ればわかりますが、「士」は小さな鉞《まさかり》の頭部の形。つまり小さな鉞の頭部を聖器として添え

【存】

ソン・ゾン
ある・いきる・ながらえる・おもう・とう

「才」と「子」でできている。「才」が立てられ聖化された場所で、子を聖化させる儀礼を示す字形

て「才」を守り、神聖な場所としてあることを確認した文字なのです。

このような意味から、「在」は神聖なものとして「ある」の意味となり、その後、すべてのものが「ある」の意味となりました。人が「おる」の意味にもなりました。

さて、約三千二百年前の古代中国で誕生した漢字は神聖化の標識である、この「」（サイ）をいろいろなものにつけたり、加えたりしていくのです。

まず、その神聖化の標識を子につけたのが、「存」（）です。「存」は「才」と「子」とでできていますが、これは「才」が立てられ聖化された場所で、子を聖化させ、子の生存が保障される儀礼を示す字形です。

おそらく子供がすくすくと育つことを最初に願う儀式だったのでしょう。ですから神聖なものとして「ある、いきる、ながらえる」の意味となったのです。

【𢦏】

サイ
はじめ

「十」と「戈」でできている。「十」は「才」のこと。「戈」に呪符としての「才」を加えた字形

【哉】

サイ
はじめる・かな・や

「𢦏」に、祝禱を納める「𠙵」を加えた形

「存在」という言葉がよく使われますが、もともとは「聖化され、清められたもの」というのが「存在」の意味のことでした。

次に「𢦏」という字形を覚えてほしいのです。

これは「十」と「戈」とが組み合わさった形の字です。古代文字を見てください。この「十」の部分が「才」（サイ）なのです。つまり、この字形は、「戈」に「才」をつけた文字です。

「戈」に呪符《じゅふ》としての「才」をつけて、「戈」を祓い清める字形で、軍事を始めるときの儀礼を示しています。

それゆえ「ことをはじめる」の意味となるのです。この部分だけで「哉」の元の字です。

漢字には、この「𢦏」にいろいろなものを加えた文字がたくさんありますが、そのいくつかを紹介します。

まず、「𢦏」に、祝禱を納める「𠙵」（サイ）をさらに

【載】

サイ
はじめ・おこなう・のせる

呪符としての「𢦏」を「車」につけた字形

【裁】

サイ
たつ・さばく

「𢦏」に「衣」を加えた字形。初めて布や織物を「さばく」こと

加えた「哉」です。これは「𢦏」が「哉」の元の字といいましたように、「𢦏」と同じように「はじめ、はじめる」の意味があります。

「載」は「𢦏」を「車」につけた形の文字です。前述したように「戈」に呪符としての「才」をつけて祓い清める「𢦏」は軍事を始めるときの儀礼を示しています。

これに車を加えた「載」は、兵車を祓う儀礼を示している漢字で、これによって軍事的行動が開始されるという意味の字です。「乗る」という意味も、これから軍事行動を始めるときの行為のこと。それが後に、すべてのものの上にのせることが「載」となりました。

つまり「車」に呪符としての「才」をつけている字形ですが、これはわれわれがお正月に自動車にお札などをつけて、年の始めに自動車の安全を祈るのと似たようなことです。

「裁」は、「𢦏」に「衣」を加えた文字。「𢦏」には「ことをはじめる」という意味があるといいましたが、これは初めて布や織物を裁つ意味があります。これがほかのことがらにも及んで裁判、裁決、裁断などいろいろなものを「さばく」意味になりました。

【史】［史］

シ
まつり・ふみ

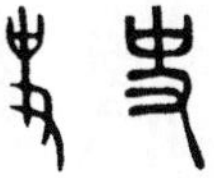

標木の十字形の木の部分に、祝詞を入れる「𠙵」をつけた「屮」を手で持つ形

「屮」は「𠙵」を標木につけたものですが、この「屮」を手（ヨ）で持って、「祭」をすることを示す文字が「史」（史）です。

殷《いん》王朝では、廟《みたまや》で祖先の霊を祭るときの祭りの名前が「史」でした。後に、この祭りを行う仕事をする人を「史」というようになり、祭りの記録を「史」というようになり、さらに「歴史」のように「史」を使うようになったのです。

「史」は廟で祖先の霊を祭るとき、いわゆる「内祭」のときの祭りの名でしたが、「外祭」として、地方に出かけ

【使】［使］

シ
つかい・つかう

旁の部分は、上部がＹ字形に枝分かれした大きな木の上に「」をつけたもの。それを持って出かける「人」のこと

て河や山を祭るときには、上部がＹ字形に枝分かれした大きな木の上に「」をつけたものを持って出かけました。この使いが「使」です。使者とは、この外祭の使いのことでした。後に、人や物を「つかう」の意味となりました。

古代中国では、王朝の支配というのは祭祀権《さいし》を掌握するという形をとります。殷の時代も、周囲の河や山の神を祭る祭祀は、そこに殷王朝の支配が及ぶことによって、殷が祭祀を行うようになっていきました。河・山の神を殷の神話的系譜に加えようとした痕跡《こんせき》が甲骨文にも書かれているそうです。

殷は河・山の聖地や服属の諸民族に、しばしば祭の「使者」を派遣しているようです。

「事」という字は、古代文字「」を見てもらえばわかりますが、「史」と「吹き流し」を組み合わせた形です。古代文字の枝分かれした上部の枝の下に、たなびくものが

【事】

ジ・シ
まつり・つかえる・こと

古代文字では「史」と「吹き流し」でできている。国家的な祭りをすること

ついています。これが吹き流しです。

国家的な祭りをすることを「事」といい、この国家的祭祀を「大事」「王事」といいます。殷の王の使者を迎えて、「大事」を行うことが、殷王に服従し、仕えることでした。そこから「まつり」や「つかえる」の意味も生まれました。

さて、最初に説明した「口」（𠙵＝サイ）に戻りましょう。

この神への祝禱の祝詞を入れる器「𠙵」については、この本で何度も繰り返し説明してきました。「可」「各」「兄」「哉」「哀」「器」……など、たくさんの「𠙵」を紹介してきました。

白川静さんの文字学の体系が打ち立てられるまで、これらの文字に含まれる「口」は、一般的には「耳口」の「くち」と理解されてきました。

白川静さんによると漢字の聖典といわれる『説文解字《せつもんかいじ》』

【告】

［告］

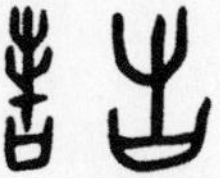

コク・コウ（カウ）
いのる・つげる

祝禱を納める器である「𠙵」を小枝に懸けて、神に訴え告げることをあらわす字形

も、例えば、「告」（告）という文字について、こんな説明をしています。

「牛が人に何かを訴えようとするとき、口をすり寄せてくる」という形をした文字だというのです。白川静さんは、こういう解釈は「俗説」にすぎないと断言しました。

「告」の古代文字を見ると、木の小枝に祝禱を納める器である「𠙵」を懸けている形です。つまり「告」とは、祝禱の器を小枝に懸けて、神に訴え告げることをあらわした文字です。

これは『説文解字』を書いた許慎《きょしん》が、漢字誕生時の字形である甲骨文字、金文の存在を知らなかったために、おかしてしまった間違いです。

膨大な量の甲骨文字、金文の研究から新しい漢字学の体系を打ち立てた白川静さんによると、「口」の字形が含まれる漢字は非常に多くありますが、古代文字には、耳口の意味で構成されている文字は一つもないとのことです。

あとがき

初めて、白川静さんにお会いして、「右」「左」「尋」「友」など「手」に関する漢字のお話をうかがった際、白川さんが甲骨文字の字形を一つ一つ画用紙にかきながら、文字の関連性を教えてくださいました。そのときのことで忘れられないことがあります。

漢字の説明をする白川さんの姿が楽しく躍動していたのです。このとき、白川さんは九十二歳でした。同じような漢字についての説明を、もう何度も、いや何百回、何千回も話していらっしゃるはずなのに、白川さんは実に楽しそうに漢字について話されました。

私の理解が追いつかないときには、他の漢字の例を出して補助的な説明もしてくださいましたが、「わからないやつめ」という感じがまったくなく、「ほら、そうでしょ！」というふうに、漢字の面白さへの変わらぬ好奇心が、その場に満ちていました。

私もそれに引き込まれて、「なるほど、漢字はほんとうに面白い」と思ったことを、よく覚えています。この本のもとになった企画はそのように始まりましたし、そのとき、得た力で続いてきました。

「学ぶ」ということの原点は「ほんとうに面白い」と思うことなのでしょう。「現代最後の碩学《せきがく》」と称せられていた白川静さんも、若き日に「漢字はほんとうに面白い」と思われたときがあり、そのときの力が白川さんの中を脈々と生きているのだということが、初対面のときから伝わってきたのです。

この本で紹介した白川静さんの漢字学体系を知れば、「なぜ、学校ではこんなふうに教えてくれなかったのだろう」と思う人が多いはずです。それほど白川静さんが解明した漢字の体系的な世界は面白いし、ひとたびそれに触れれば、一生、漢字について忘れられなくなります。しかも、おのおのの漢字が密接に関連しているのですから、関連した文字をいっぺんに理解することができるのです。

「漢字は難しくないし、一つ一つ覚える必要もない」と白川静さんはよくおっしゃいましたが、その言葉通り、自然と頭の中に入ってくるのです。その漢字が持つ体系が理解できれば、古代中国がどのような社会であったかがわかります。そして、その古代中国と不思議と似ている日本文化についても興味がわいてきます。そんな点についての紹介にも努めました。

また、今年（二〇〇六年）は昭和二十一年（一九四六年）十一月に当用漢字表が発表されて、ちょうど六十年の年にあたります。その改革の中で漢字の新字が生まれましたが、中には字形本来の意味をわからないままに改変した〝誤った漢字〟が多くあることも、白川静さんの研究を通して、この本の中で具体的に指摘しておきました。

文字は文化の基本です。「誤りを正当として生きなければならぬという時代を、私は恥ずべきことだと思う」と白川静さんは『字統』の中で書かれていますが、同感です。

この本のもとになった企画は、新聞を使って小中高校生たちに学んでもらうNIE（教育に新聞を）というページの連載でしたので、本の内容は大人はもちろん、小中高校生たちにも十分理解できるように書きました。一方で大人も知らない漢字の驚くべき世界がたくさん紹介してあります。

楽しんでいただけたら、白川静さんの字書『字統』『常用字解』や連続講演録『文字講話』（全四巻、続・一巻）（いずれも平凡社刊）などをぜひ読んでいただけたらと思います。

白川静さんは、私がこの本の仕上げのための最後の作業をしていた二〇〇六年の十月三十日に亡《な》くなられました。九十六歳でした。

その夏、この本を書いているとき、問い合わせたいことができて、京都市の白川静さんのご自宅に電話をかけてお話ししたのが、最後となりました。「この夏は何もしないことにしたから、遊びに来てもいいですよ」というのが、私の耳に残る白川静さんの最後の言葉です。その時の白川静さんの声には、いつもと同じような張りがあり、話しぶりには変わらぬ心の優しさがありました。

そのお言葉に甘えて、「白川静さんとお会いして、漢字の話をうかがいたいな」という気持ちと、体調が少しすぐれなくなっても、最後の最後まで現役の学者として漢字学研究に打ち込んでいた白川静さんの大切な時間を邪魔してはいけないという気持ちが、自分の中でしばらく交錯していたのをよく覚えています。

いつも優しく丁寧に、情熱をこめて、ときにはユーモアも交えながら、漢字の体系的な成り立ちについて、教えてくださった白川静さんに、深い尊敬と感謝の念を記し、白川静さんの御霊の安らかなることを祈念したいと思います。

二〇〇六年十一月五日記す

小山鉄郎

解説

俵万智

漢字が、ブームだ。日本漢字能力検定（いわゆる漢検）を受ける人は、年々増えており、協会のホームページによると、平成二十年度には約２９０万人もの志願があったという。テレビをつければ、クイズ番組で漢字を扱うものが目立ち、漢字に詳しいタレントさんがもてはやされている。本屋さんのレジ付近に、難読漢字を集めた本が置いてあったりもし、それがまたよく売れている。

そういった「ブーム」と、ひとくくりにされることは、著者にとっては心外かもしれないけれど、本書もまたよく売れた。出版後、一年ちょっとで12刷を数えた。その背景には、人々の漢字に対する関心の高さがあったことは確かだと思う。

ただ、世の漢字ブームを見ていると、「こんな難しい漢字が読めるなんて、すごい！」「こんなややこしい漢字が書けるなんて信じられない！」といった「マニアックな知識を持つ人への賞賛」の面が強いように思う。なんというか「ラーメンに詳しい人」とか「ディズニーランドのことなら、どんな細かいことでも知っている人」とかと同列のような意味合いだ。

もちろん、どんな分野であれ、とびぬけて精通するのはすごいことだ。けれど漢字というのは、ただ知っている（読める書ける）だけでは精通とは言えないような奥深さがある。果たして昨今のブームが、そこまで届いているのかどうか、なんとも心もとない感じがしてしまう。

テレビのクイズ番組で、「漢字をよく知っている人」として一番脚光を浴びているのが、漫画家のやくみつるさんだろう。やくさんの漢字への造詣《ぞうけい》の深さは半端《はんぱ》ではなく、私も何度かテレビで見て、すごいな～と思った。

たまたま仕事で年に一回か二回はお会いするので、ある時そのことについて尋ねてみた。

「すごいですね。何か特別に勉強されているんですか？」

「いや、漢字っていうのは、特別な勉強をしないで身につけるものだと思っているので」

ちょっとカッコよすぎるかな～と照れながら話してくださったが、とても印象に残る返答だった。漢字だけをとりだして丸暗記するというような勉強のしかたではなく、読書を通して自然に漢字に親しむなかで漢字力はつけるものだ、という考えかただ。

つまり、標本を眺めて暗記するのではなく、生きた漢字と接することで、漢字を覚えてゆく。効率はよくないかもしれないが、それがあるべき姿ではないか、と。

「だから、ぼくは漢字検定には批判的なんです」とつけ加えられたのにも、大いにうなずけた。

そんなやくさんだけれど、本書に記されているような、「体系として漢字たちを有機的につなげる話」なら興味を持たれるのではないだろうか。すでに見慣れた漢字たちであっても、実は漢字同士が手をつなぎあっているのだということは、なかなか知る機会がない。

小学生のころ、「さんずいは水に関係のある漢字につく」ということを知っただけで、ずいぶん楽しかったし、漢字が覚えやすくなった。「じゃあ、なんで娯楽や嫉妬《しっと》という漢字には女がつくのだろう」と、幼い私は、そんなことを考えたりもした。

本書は、古代文字にまでさかのぼって、漢字の成り立ちを、わかりやすく説いてくれる。そして漢字と漢字のつながりが、そこから見えてくる。漢字の奥深さを味わうこの体験は、「そうだったのか！」の連続で、漢字がどんどん愛《いと》おしくなってくる。

本書が出版されたとき、いちはやく手にした私は、新聞に書評を書かせてもらった。

この本を一人でも多くの人に読んでほしい、という願いをこめて。熱い思いのなせるわざか、私にしては、なかなかよくできた書評だったのではないかと思う。本書の魅力となるポイントが網羅されているので、もう一度、ここで引用させてもらおう。

昨年十月、漢字学の第一人者である白川静さんが、九十六歳で亡《な》くなった。本書は、著者が白川さんに教えを乞《こ》い、そのエッセンスを、私たちに届けてくれるものである。漢字を覚えるのに苦労した大人なら「あのころ、こういう本に出会いたかった」と思いつつ楽しむことになるだろうし、今から漢字を覚えようという子どもなら、それが苦労ではなく楽しみに変わることだろう。

著者が言うように「漢字という文字は、その成り立ちをちゃんと学べば、実は、みなそれらが互いにつながっている」のであり「難しい漢字を一つ一つ暗記する必要もないし、楽しく興味深く漢字の世界と、それが使われている漢字文化圏のありようを理解するうちに、自然と漢字が頭の中に入ってくるような仕組みに、もともとなっている」のだ。そのことが一冊を通して、とてもよくわかった。

「手をめぐる漢字」「人をめぐる漢字」「隹をめぐる漢字」……というように、一つの漢字の成り立ちと、さらに関連のある漢字が、わかりやすく楽しく解き明かされてゆく。たとえば「隹」は鳥、「又」は手、ならば「隻」は手で鳥を一羽持っているので「ひとつ」、「雙」は二羽だから「ふたつ」、鳥にわくをかぶせて、さらに石でおさえると「確」かになる。漢字が生まれたときのもともとの形である古代文字と、それをさらにわかりやすくしたイラストが、理解を助けてくれるのも、ありがたい。

横たわる死体を、後ろから支えている様子が「久」。死ぬということは永久の人になるということ。そんな古代の死生観も、興味深かった。

本書は、もちろん漢字について書かれたものだが、著者が白川静という人に出会い、あらためて「学ぶことの楽しさ」を知り、「ほら、こんなふうに教えてもらえば、こんなにおもしろいでしょう！」と高揚感をもって伝えてくれるところが魅力だ。すべての「学ぶ」ということに、通じる話だと思う。（２００７年　共同通信配信）

「久」という漢字に並んで、私が衝撃を受けたのは「真」という漢字だった。ここにも死の意味があり、「死者は、それ以上は変化しないので、永遠のもの、真の存在として『まこと』の意味となったのです。」という解説には、ぐっときた。

この世で、なにが真実といって、人が死ぬことほど確かなことはない。誰もが納得する真実として「死」という答を出した……それが「真」という漢字を生んだ背景にある思想なのだ。深いなあと思う。

書評の冒頭にも触れたが、白川静さんはお亡くなりになり、もうその肉声を聞くことはできない。本書で折にふれ紹介される気さくな会話は、今ではいっそう貴重なものになってしまった。

「漢字を間違うのは、何も今の日本人ばかりじゃないの。昔の中国人でも間違うの」

（占いで悪い答えばかり出たら……という質問に答えて）「それは、よい答えが出るまで何度でも同じ占いをするのです」

こういう言葉から、人間を見つめるまなざしの暖かさが、じんわりと伝わってくる。何千年前であれ、海の向こうの国であれ、同じ人間が生み出したものなのだから、その「思い」に心を馳《は》せれば、漢字の成り立ちは解明できる……そんな信念をお持ちだったのではないだろうか。ここに紹介された漢字の成り立ちが、現代の私たちの胸にすとんと落ちるということは、まさにその結果なのだと思う。白川静さんの仕事の大きさは、私などには計り知れないものではあるが、古代中国の人と、私たちの心をつないでくれたことも、大事な一つだっただろう。

そして、白川静さんと私たちの心をつないでくれた著者、小山鉄郎さんの筆力というか腕力がなければ、奥深い漢字の世界を垣間見《かいまみ》ることはかなわなかった。

小山さんに感謝しつつ、来年小学生になる息子と、漢字の勉強をはじめるのが今から楽しみだ。たぶん私はこの本から、たくさんの受け売りをすることだろう。


（平成二十一年十月、歌人）

この作品は二〇〇六年十二月共同通信社より刊行された。

吉本ばなな著

とかげ

私のプロポーズに対して、長い沈黙の後とかげは言った。「秘密があるの」。ゆるやかな癒しの時間が流れる6編のショート・ストーリー。

吉本ばなな著

キッチン

海燕新人文学賞受賞

淋しさと優しさの交錯の中で、世界が不思議な調和にみちている――〈世界の吉本ばなな〉のすべてはここから始まった。定本決定版！

吉本ばなな著

アムリタ（上・下）

会いたい、すべての美しい瞬間に。感謝したい、今ここに存在していることに。清冽でせつない、吉本ばななの記念碑的長編。

吉本ばなな著

うたかた

サンクチュアリ

人を好きになることはほんとうにかなしい――運命的な出会いと恋、その希望と光を瑞々しく静謐に描いた珠玉の中編二作品。

よしもとばなな著

みずうみ

深い傷を心に抱えた中島くんと、ママを亡くした私に、湖畔の一軒家は静かに呼びかける。損なわれた魂の再生を描く奇跡の物語。

よしもとばなな著

さきちゃんたちの夜

友を捜す早紀《さき》。小鬼と亡きおばに導かれる紗《さ》季《き》。秘伝の豆スープを受け継ぐ咲《さき》。〈さきちゃん〉の人生が奇跡にきらめく最高の短編集。

江國香織著

こうばしい日々

坪田譲治文学賞受賞

恋に遊びに、ぼくはけっこう忙しい。11歳の男の子の日常を綴った表題作など、ピュアで素敵なボーイズ&ガールズを描く中編二編。

江國香織著

流しのしたの骨

夜の散歩が習慣の19歳の私と、タイプの違う二人の姉、小さな弟、家族想いの両親。少し奇妙な家族の半年を描く、静かで心地よい物語。

江國香織著

犬とハモニカ

川端康成文学賞受賞

恋をしても結婚しても、わたしたちは、孤独だ。川端賞受賞の表題作を始め、あたたかい淋しさに十全に満たされる、六つの旅路。

江國香織著

ちょうちんそで

雛子は「架空の妹」と生きる。隣人も息子も「現実の妹」も、遠ざけて——。それぞれの謎が繙かれ、織り成される、記憶と愛の物語。

江國香織著

ひとりでカラカサさしてゆく

大晦日の夜に集った八十代三人。思い出話に耽り、それから、猟銃で命を絶った——。人生に訪れる喪失と、前進を描く胸に迫る物語。

角田光代著

キッドナップ・ツアー

産経児童出版文化賞・路傍の石文学賞受賞

私はおとうさんにユウカイ(=キッドナップ)された! だらしなくて情けない父親とクールな女の子ハルの、ひと夏のユウカイ旅行。

角田光代著　さがしもの

「おばあちゃん、幽霊になってもこれが読みたかったの?」運命を変え、世界につながる小さな魔法「本」への愛にあふれた短編集。

角田光代著　しあわせのねだん

私たちはお金を使うとき、べつのものも確実に手に入れている。家計簿名人のカクタさんがサイフの中身を大公開してお金の謎に迫る。

森下典子著　日日是好日
―「お茶」が教えてくれた15のしあわせ―

五感で季節を味わう喜び、いま自分が生きている満足感、人生の時間の奥深さ……。「お茶」に出会って知った、発見と感動の体験記。

本谷有希子著　生きてるだけで、愛。

25歳の寧子は鬱で無職。だが突如現れた同棲相手の元恋人に強引に自立を迫られ……。怒濤の展開で、新世代の〝愛〟を描く物語。

湯本香樹実著　夏の庭
―The Friends―
米ミルドレッド・バチェルダー賞受賞

死への興味から、生ける屍のような老人を「観察」し始めた少年たち。いつしか双方の間に、深く不思議な交流が生まれるのだが……。

湯本香樹実著　ポプラの秋

不気味な大家のおばあさんは、ある日私に奇妙な話を持ちかけた――。『夏の庭』で世界中の注目を浴びた著者が贈る文庫書下ろし。

新潮文庫の新刊

原田ひ香著
財布は踊る
人知れず毎月二万円を貯金して、小さな夢を叶えた専業主婦のみづほだが、夫の多額の借金が発覚し――。お金と向き合う超実践小説。

沢木耕太郎著
キャラヴァンは進む
―銀河を渡るI―
ニューヨークの地下鉄で、モロッコのマラケシュで、香港の喧騒で……。旅をして、出会い、綴った25年の軌跡を辿るエッセイ集。

信友直子著
ぼけますから、よろしくお願いします。おかえりお母さん
脳梗塞を発症し入院を余儀なくされた認知症の母。「うちへ帰ってお父さんとまた暮らしたい」一念で闘病を続けたが……感動の記録。

角田光代著
晴れの日散歩
丁寧な暮らしじゃなくてもいい！　さぼった日も、やる気が出なかった日も、全部丸ごと受け止めてくれる大人気エッセイ、第四弾！

沢村凜著
紫姫の国（上・下）
船旅に出たソナンは、絶壁の岩棚に投げ出される。そこへひとりの少女が現れ……。絶体絶命の二人の運命が交わる傑作ファンタジー。

太田紫織著
黒雪姫と七人の怪物
―最愛の人を殺されたので黒衣の悪女になって復讐を誓います―
最愛の人を奪われたアナベルは訳アリの従者たちと共に復讐を開始する！　ヴィクトリアン調異世界でのサスペンスミステリー開幕。

白川静《しらかわしずか》さんに学《まな》ぶ　漢字《かんじ》は楽《たの》しい

新潮文庫　こ-47-1

平成二十一年十二月一日発行
令和六年十二月十五日七刷

著者　小《こ》山《やま》鉄《てつ》郎《ろう》
監修　白《しら》川《かわ》静《しずか》
発行者　佐藤隆信
発行所　株式会社新潮社

郵便番号　一六二―八七一一
東京都新宿区矢来町七一
電話　編集部(〇三)三二六六―五四四〇
読者係(〇三)三二六六―五一一一
https://www.shinchosha.co.jp

価格はカバーに表示してあります。

乱丁・落丁本は、ご面倒ですが小社読者係宛ご送付ください。送料小社負担にてお取替えいたします。

印刷・株式会社光邦　製本・株式会社大進堂

ISBN978-4-10-129891-7 C0122

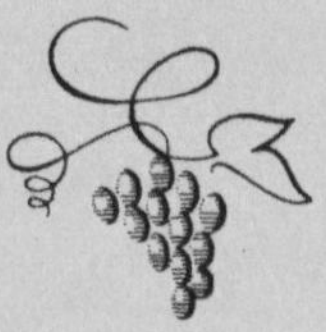